Funny van Dannen – Angst vor Gott

Funny van Dannen, 1958 geboren, lebt in Berlin. Er war Musiker bei verschiedenen Punk- und Jazzbands, war einer der Gründer der Lassie-Singers, er spielt immer noch Gitarre und singt dazu Lieder von Lebewesen und anderen nicht unwichtigen Dingen des täglichen Lebens. Außerdem malt Funny van Dannen schöne Bilder. Zuletzt bei Tiamat erschienen: »Die weitreichenden Folgen des Fleischkonsums« (2018) und die Musik-CD: »Alles gut Motherfucker« (2018). Bei Trikont die Musik-CD: »Kolossale Gegenwart« (2022)

Edition
TIAMAT
Deutsche Erstveröffentlichung
1. Auflage: Berlin 2023
© Verlag Klaus Bittermann
www.edition-tiamat.de
Druck: cpi books
Buchcovergestaltung: Felder Kölnberlin Grafikdesign
Unter Verwendung eines Bildes von Funny van Dannen
ISBN: 978-3-89320-301-7

Funny van Dannen

Angst vor Gott

Neue Geschichten und Gedichte

**Critica
Diabolis
316**

**Edition
TIAMAT**

INHALT

Nach dem Abendrot – 7
Die Enttäuschung – 10
Endloses Glück – 14
Der gute Zufall – 15
Kommunikation – 16
Auf Rügen – 17
Voll – 19
Existenzarzt Dr. Florian – 20
Gesang des Friedlichen – 23
Mutti und Natali – 24
In der Küche – 26
Legenden – 29
Vorbei – 31
Angst vor Gott – 32
Am Grab – 35
Sankt Martin – 38
Advent – 39
Der letzte Wille – 41
FBI – 44
Überraschung – 47
Im Flow – 48
Wie ich Lyriker wurde – 51
Also – 55
Giganten – 56
Kontinental – 58
Umtrunk am 1. Advent – 61

Glauben – 64
Bruder und Schwester – 65
Zugabe – 70
Die Arthurs – 71
Geflügel – 73
In der Nacht – 75
Was so alles geschieht,
   No 311 – 76
Putin und Pu – 79
Private Nacht – 82
Wie die Schlangenhaut-
   schwanzmäuse zu ihrem
   Namen kamen – 83
Am Beckenrand – 85
So ist es – 86
Am Ufer – 87
Der Existenzarzt, No 2 – 89
Mensch und Ding – 92
Im neuen Atelier – 93
Achtsamkeit – 97
Buddha revisited – 98
Anders – 101
Am Teich – 102
Jazzlied 4 – 105
Der Heilige – 106
Die Wahrheit – 109

Die Wege des Herrn – 110
Freundinnen – 111
In aller Stille – 114
Die Tanzenden – 115
Der Wolf und die
   7 Geißlein – 117
Nightlife – 120
Der Waldspaziergang – 121
In der Nacht No 7 – 124
In der Nacht No 8 – 125
Das Treffen – 126
Das doofe Klopapier – 128
Kunst und Religion in
   Magdeburg – 130
Befreiung des Lebens – 131
Ukrainer und Chinesen – 133
Das Wunschkonzert – 137
Die Nachbarn – 138
Der Zufall – 140
Durcheinander – 142
Sehr später Februar – 143
Optionen – 146
So schön – 148
Das Wort zum Sonntags-
   braten – 149

Ursprung - 150
Der Elefant – 151
Der Gepard – 152
Das Gnu – 153
Die Antilope – 154
Die Giraffe – 155
Das Nilpferd – 156
Der Hund – 157
Der Regenwurm – 158
Das Eichhörnchen – 159
Der Reiher – 160
Das Lama – 161
Das Huhn – 162
Das Reh – 163
Das Faultier – 164
Der Löwe – 165
Der Spatz – 166
Der Wasserhahn – 167
Der Geier – 168
Die Schildkröte – 169
Der Esel – 170
Der Tiger – 171
Der Stier – 172
Der Pelikan – 173
Der Hummer – 174

Nach dem Abendrot

Die Flüchtlinge werden immer frecher, sagt Elvira Schmitz zu ihrem Mann, dem pensionierten Kämmerer. Jetzt wollen die Ukrainer vor der Tagesschau ihre Nationalhymne hören.

Ach, Quatsch! sagt Herbert. Du bist zu oft online. Lass mich jetzt bitte Fußball gucken.

Das nennst du Fußball? lacht Elvira. Diese müden Millionäre verarschen dich und die 50.000 im Stadion nach Strich und Faden. Auweia! Jetzt hat er einen umgehauen!

Ja, ja! sagt Herbert verärgert. Das war ein dummes Foul. Jetzt zeigt der Schiri auch noch rot!

Elvira grinst. Schalt' um! Das wird nichts mehr. Zu Zehnt wird das ein elendes Gewürge, du wirst sehen!

Ach du! Herbert winkt ab. Gerade hetzt du noch gegen Geflüchtete und jetzt gegen harmlose Sportler, die ihr Bestes geben. Ich weiß nicht, ob wir noch zusammenpassen?

Wird schon gehen, sagt seine Frau. Ich verlass' dich nicht. Du bist ein lieber Kerl.

Danke! sagt Herbert und holt sich ein Bier aus dem Kühlschrank. Prost! Auf die Zivilisation!

Wie kommst du denn auf die? fragt Elvira.

Weil ich froh bin, dass es so etwas Schönes wie Fußball gibt. Und weil ich froh bin, dass wir Menschen auf dem Mittelmeer vor dem Ertrinken retten und ihnen ein neues Zuhause anbieten.

Was bieten wir? fragt Elvira. Bist du noch ganz bei Trost? Wer hat die eingeladen? Die steigen auf irgendwelche maroden Kähne und wollen gerettet werden. Die setzten ihr Leben und das ihrer Kinder aufs Spiel und sagen: Macht mal! Rettet uns und nehmt uns auf! Wir sind ja Menschen!

Sind sie doch, sagt Herbert.

Ja, was für welche! ruft Elvira. Das ist Erpressung!

Die sind verzweifelt, sagt Herbert. Die haben in ihrer Heimat keine Perspektive. Vielleicht wurden sie verfolgt und gefoltert, was weißt du denn von denen?

Wir wissen alle nichts, sagt Elvira. Aber wenn wir alle aufnehmen, die in ihren Ländern keine Zukunft haben, platzen unsere Sozialsysteme aus allen Nähten. Weißt du, was uns diese Ukrainerinnen kosten?

Halbzeit, sagt Herbert. Hoffentlich lässt sich der Trainer was einfallen!

Immer soll sich der Trainer etwas einfallen lassen, ruft Elvira. Sollen sich doch die 10 Geldsäcke etwas einfallen lassen. Wofür werden die bezahlt? Dass sie harmlose Ungarn umhauen?

Ach, die Ungarn findest du nett? fragt Herbert.

Ich sagte harmlos, meint Elvira. Nett ist so ein doofes Wort!

Jetzt hast du auch schon was gegen Worte, sagt Herbert leise. Du bist irgendwie verbittert.

Elvira schweigt.

Elvira? fragt Herbert. Bist du verbittert?

Elvira sieht ihm in die Augen. Ja.

Und warum?

Das weißt du ganz genau, sagt Elvira. Ich hab' das Alles so über! Überall ist die Kacke am Dampfen, ich mach' mir Sorgen um die Kinder und die Kleinen. Warum können wir nicht sagen: Bleibt mal alle schön da, wo ihr seid! Wir haben keinen Bock auf euren Nationalismus, auf den Islam, auf eure ganze beschissene, frauenverachtende, rückständige Mentalität. Ist die Ukraine denn nicht groß genug? Könnten die dem Putin diese beiden Gebiete nicht überlassen, sind doch sowieso halb russisch! Für mich sind das alles Wirtschaftsflüchtlinge, die die Gunst der Stunde genutzt haben und sich jetzt hier bei uns erstmal die Fingernägel schick lackieren!

Elvira! ruft Herbert leicht erbost. Diese heldenhaften Ukrainer verteidigen auch unsere Freiheit!

Quatsch, sagt Elvira. Die Russen tun uns nichts, das weißt du auch. Die haben immer schön das Gas geliefert. Und dann …

Das Spiel fängt wieder an, sagt Herbert.

Du hast mir noch nicht geantwortet, sagt Elvira.

Herbert sieht sie fragend an.

Na, warum können wir unsere Grenzen nicht dichtmachen, fragt Elvira. Haben wir kein Recht auf Selbstbestimmung? Müssen wir uns das ganze Elend aufladen? Ich hatte es schon immer schwer genug! Und jetzt soll ich im Winter für den Frieden frieren? Wir frieren für den Krieg!

Sie machen jetzt mehr Druck, sagt Herbert. Scheinbar hat der Trainer die richtige Ansprache gefunden.

Verstehen die alle deutsch? fragt Elvira.

Ich setz' mir gleich die Kopfhörer auf, sagt Herbert.

Schon gut, meint Elvira. Genug geschimpft! Manchmal hab' ich Lust auf Tacheles. Das ist ja so ein schönes Wort. Dieses ganze humanistische Getue ist so ermüdend.

Ja, ja! ruft Herbert. Pass' bloß auf! Nachher wirst du auch noch kriegsmüde!

Elvira lächelt. Was ist eigentlich das Gegenteil von Kriegsmüdigkeit?

Oh! Knapp vorbei! ruft Herbert. Ich weiß nicht. Er überlegt. Na, Kriegsbegeisterung, oder! Das klären wir nach dem Spiel.

Die Enttäuschung

Dort, wo die meisten Schweine getötet werden, sind die Menschen besonders ernst und verschlossen, sagt Adele zu ihrem Mann Hans-Horst beim Abendbrot.

Wo hast du das denn wieder her? fragt der Mann, obwohl er es gar nicht wissen will.

Das willst du gar nicht wissen, sagt Adele. Aber es ist glaubwürdig, glaub' mir.

Ich glaube gar nichts mehr, sagt ihr Mann. Alle haben irgendwelche Interessen und dementsprechend gestalten sie die Wahrheiten.

Wie sich das anhört, sagt Adele. Die Wahrheiten gestalten... Als wären Millionen Designer am Werk.

Hör auf, sagt ihr Mann ganz leise. Hör bitte auf. Und schau dir das Radieschen an. Ist seine Farbe nicht betörend?

Adele wirft einen Blick auf das Radieschen. Ja, klar. Die Farbe ist betörend und eigentlich auch das ganze Radieschen, das Grün und der Geschmack, die Form. Ich verstehe nicht, warum du nur auf die Farbe abfährst.

Na, weil sie so ins Auge sticht, sagt Hans-Horst. Radieschen sind schon toll!

Er schneidet das Grün ab und ißt die Kugel auf. Auf dem Küchenfenstersims landet eine Krähe.

Die Krähe ist schon wieder da, sagt Adele. Soll ich sie hereinlassen?

Von mir aus, sagt Hans-Horst.

Adele öffnet das Fenster und die Krähe fliegt auf den Kühlschrank.

Habt ihr gekochten Schinken?

Ja, sagt Adele, aber ich finde es besser, wenn Tiere von Abfällen leben.

Menschen leben auch nicht von Abfällen, entgegnet die Krähe.

Menschen sind keine Tiere! ruft Hans-Horst. Kapier das endlich! Bei uns werden Tiere nicht verhätschelt!

Ach, jetzt auf einmal! kräht die Krähe. Gestern habe ich noch rohen Schinken bekommen und Jagdwurst und Jägermeistereis.

War alles schon längst über dem Verfallsdatum, sagt Adele.

Die Krähe schweigt und neigt den Kopf.

Wer ist das auf dem Bild da? fragt sie nach einigen Sekunden.

Frida Kahlo, sagt Adele. Das war eine mexikanische Malerin.

Komischer Name für eine Mexikanerin. Kahlo. Wenn ich so heißen würde, die Krähe Kahlo. Und Frida ist auch kein mexikanischer Name.

Und was wäre deiner Meinung nach ein mexikanischer Name? fragt Adele.

Chiquita Suarez, sagt die Krähe wie aus der Pistole geschossen, so als hätte sie schon lange auf diese Gelegenheit gewartet.

Die beiden Menschen lachen laut.

Chiquita Suarez! ruft Adele. Also doofer gehts wohl nicht!

Auf jeden Fall mexikanischer als Frida Kahlo, erwidert die Krähe.

Wahrscheinlich hatte sie europäische Vorfahren, sagt Hans-Horst. Das ist nicht ungewöhnlich. Würde mich nicht wundern, wenn sie Wurzeln in, sagen wir mal, Pforzheim hätte.

Nun müssen die Krähe und Adele lachen.

Pforzheim! prustet die Krähe. Was ist das denn?

Hab' ich doch nur so gesagt, meint Hans-Horst, als Beispiel. Kahlo klingt nach Pforzheim, finde ich.

Du bist echt ein schräger Typ, sagt die Krähe. Warum gibst du mir keinen gekochten Schinken? Frida Kahlo hätte einer hungrigen Krähe garantiert gekochten Schinken gegeben. Künstlerinnen sind großzügig und tierlieb!

Alles Vorurteile, entgegnet Adele. Es gibt auch Künstlerinnen, die Krähen fangen und ihnen die vorlauten Köpfe abhacken.

Und warum sollten sie das tun? fragt die Krähe.

Weil sie euch für Todesvögel halten, die nichts als Unglück bringen.

Dieser verfickte Aberglaube, schimpft die Krähe. Da ist doch gar nichts dran! Nur weil wir schwarz sind! Ihr seid solche Rassistenschweine!

Schon wieder vergleichst du dich mit Menschen, ruft Adele, das geht auf keinen Fall. Sieh' das bitte ein! Sonst ist unsere Freundschaft ab sofort beendet.

Schöne Freundschaft! motzt die Krähe. Müssen Freunde um gekochten Schinken betteln?

Adele sieht die Krähe böse an.

Denkst du immer nur ans Fressen? Fressen, fliegen, fressen, fliegen…. Besteht dein Leben aus nichts anderem?

Ficken, sagt die Krähe. Habt ihr noch Sex?

Das geht dich gar nichts an, sagt Adele.

Hans-Horst schüttelt den Kopf.

Er schüttelt den Kopf! ruft die Krähe. Er schüttelt seinen kahlen Kopf!

Wegen deiner impertinenten Art schüttele ich den Kopf, erklärt Hans-Horst. Meinst du, das Leben der älteren Menschen besteht nur aus Reisen und Essen gehen?

Die Krähe nickt ganz oft und schnell.

Flieg' du zu deinen Freunden, sagt Adele. Wir waren lange genug nett zu dir!

Das hab' ich ausgenutzt, ihr Lappen! ruft die Krähe. Ich verachte euch. Ich hab' mit Netten nichts am Hut! Nette sind so dumm!

Hau' ab! ruft Hans-Horst, du Miststück.

Er steht auf und schlägt mit einem Frühstücksbrettchen nach dem Vogel. Die Krähe schwingt sich furzend in die Lüfte. Der angewiderte Mann schließt schnell das Fenster.

So ein Aas! Hast du das gehört? Furzt uns zum Abschied die Küche voll!

Ja, sagt Adele. Das hätte ich nie von der gedacht. Die Nähe zu Tieren ist wohl doch nur eine Illusion. Sie nutzen uns schamlos aus!

Wenn wir sie lassen, sagt Hans-Horst. Es ist wie bei uns Menschen.

Endloses Glück

Der Faustkeil war in die Hall of Fame der geilsten Haushaltsgeräte aller Zeiten aufgenommen worden, und bei der Feier sagte er: Ich war aber auch eine gute Waffe.

Heißt das, fragte der Zeremonienmeister, sie würden auch gerne in die Hall of Fame der geilsten Waffen aller Zeiten aufgenommen werden?

Ja, sagte der Faustkeil.

Da riefen alle: der Faustkeil hat recht! Als Waffe war er auch nicht schlecht: primitiv und effektiv!

Also wurde er einige Wochen später auch noch in die Hall of Fame der geilsten Waffen aufgenommen. Bei dieser Feier sagte der Faustkeil: Ich war aber auch ein guter Hornhauthobel und ein prima Türstopper!

Nein, sagte der Zeremonienmeister. Das geht zu weit! Jetzt wird es peinlich.

Ok! sagte der Faustkeil. Sehe ich ein. Ich muss nicht in noch mehr Halls of Fame vorkommen. Tut mir leid!

Da feierten alle den einsichtigen Faustkeil und sie ließen ihn hochleben: er lebe hoch, der Faustkeil lebe hoch!

Da jedoch in der Jury auch ein Vertreter der Petrophilen Gesellschaft saß, wurde der Faustkeil einige Wochen später zum Stein des Jahres gewählt und kurz danach war er auf dem Cover des Rolling Stones Albums Stoneage for Ever zu sehen. Das radikaljuristische Fachblatt »Stein und Bein« zog nach und zahlreiche Beautymagazine brachten Geschichten über ihn unter dem Titel »Steinalt ohne Falten«. Der Faustkeil war so stolz, dass sogar die Redewendung »Stolz wie ein Stein« entstand, ja, manchmal hört das Glück einfach nicht auf.

Der gute Zufall

Wir gingen durch den Parkinsonpark, es war so kalt, wir zitterten. Wir schnatterten wie Delphine, um uns aufzuwärmen. Sofort waren Haie da, die nichts mit sich anzufangen wussten. Wir mussten flüchten. Die Haie waren im echten Leben Coaches, Anlageberater, Projektentwickler, also modernes Gesocks. Wir wollten sie vergiften. Es war nicht leicht, im Laufen einen Plan zu schmieden, doch wir schafften es: wir luden alle Haie bei uns zuhause ein und gaben Cocktails aus. Als sie gestorben waren, brachten wir sie wie ganz normale Stinkbesoffene über unseren Schultern hängend zurück in den Parkinsonpark und legten sie alle zusammen unter einer dicken Linde ab. Es sollte wie ein abgesprochener, geplanter Selbstmord einer Sekte aussehen.

So, die können wir vergessen! rief Sieglinde.

Wir lachten nicht und zitterten vor Aufregung. Die Sache flog nicht auf, weil sie tatsächlich eine Sekte gewesen waren. Glück gehabt!

Kommunikation

Wir haben es nicht eilig. Ob wir heute oder morgen ankommen, ist völlig egal. Niemand erwartet uns. Wir hätten auch dortbleiben können, wo wir waren. Aber uns war langweilig. Die Welt ist groß. Jetzt sind wir unterwegs und sehen am Wegesrand die verblühten Disteln stehen. Wir sehen die Distelfinken und rufen ihnen zu: Hey, ihr wunderschönen Vögel! Ihr habt ja keine Ahnung, wie toll ihr seid! Die Finken sehen uns an und ihre Anführerin sagt sinngemäß: wenn ihr Menschen etwas Schönes seht, habt ihr das Bedürfnis, euch über es zu stellen und es für dümmer zu halten, als ihr selber seid. Aber nur weil ihr häßlich seid, habt ihr noch keine sinnvolle Intelligenz oder wahre Musikalität, die mit dem Kosmos schwingt. Das alles sagt die Finkin mit einem ultrakurzen Piep.

Auf Rügen

Grace und Maite Kelly sitzen unter freiem Himmel in einer lauen Sommernacht auf der Terrasse eines Hotels auf Rügen und blicken auf die Ostsee.

Auf ein Meer zu blicken, entspannt mich immer dermaßen, sagt Grace Kelly, ich könnte vom Stuhl rutschen und ganz locker hier am Boden liegenbleiben, bis die Sonne wieder aufgeht.

Liegt das nicht auch an den Martinis? fragt Maite Kelly. Auch sie findet es superschön, dieses altmodische Getränk zu schlürfen. Mich entspannt dieser fantastische Sternenhimmel noch viel, viel mehr, sagt sie verträumt. Hoffentlich schießen sie nicht zu viele Satelliten ins All. Ich fände es so schade, irgendwann die Sterne nicht mehr sehen zu können.

Sei nicht so pessimistisch, sagt die Fürstin. Die Menschheit hat ein riesiges Potential!

Meinst du die kosmischen Möglichkeiten, von denen Elon Musk spricht? fragt die Schlagerqueen.

Zum Beispiel, sagt Grace Kelly. Ihr Europäer seid immer so ängstlich! Und wenn ein Amerikaner auf die Welt kommt, um der Menschheit zu helfen, wird er mit Argwohn verfolgt!

Du bist doch selbst nach Europa gezogen, sagt Maite Kelly.

Ja, wegen der Liebe! ruft die Fürstin. Was tut man nicht alles für die Liebe!

Die beiden Frauen schweigen und überlegen jede still für sich, was sie definitiv nicht für die Liebe getan hätten.

Hattest du nie wieder Lust zu singen? fragt Maite.

Na klar, hatte ich Lust zu singen, sagt die Fürstin. Habe ich auch oft getan. Ich hatte ein schickes Musikzimmer und eine kleine Combo, ich summe auch heute noch hin und wieder vor mich hin. Und Anfang der Siebzigerjahre gab es eine Anfrage von Jonny Cash's Management. Wir sollten ein Duett aufnehmen, eine romantische Ballade mit dem Titel »Let's Play in the Mud«. Aber mein Mann war dagegen. Er hatte ein sehr rigides Verständnis von Würde.

Das hätte ich mir nie gefallen lassen, ruft Maite Kelly.

Dich hätte er auch nie geheiratet, sagt Grace.

Schade, sagt Maite. Das hätte ich mal gern gehört.

Ich auch, sagt Grace. Man kann nicht alles haben. Du triffst im Leben eine Entscheidung, das hat dann Konsequenzen. Ich bin ja freiwillig nach Europa gekommen. Aber was heißt schon freiwillig? Wenn du dich richtig verliebst, ist es mit der Freiheit sowieso vorbei. Sie winkt der Bedienung. Noch zwei Martinis ohne alles! Lass' uns mal was zusammen singen!

Was denn? fragt Maite.

Sag' mir, wo die Blumen sind, antwortet Grace Kelly.

Nein, erwidert Maite. Das ist ein Antikriegslied. Dafür sind wir zu betrunken. Das will hier auch keiner hören. Kennst du meinen großen Duetthit: Warum hast du nicht Nein gesagt?

Grace Kelly nickt. Ok, aber du musst den Part von Roland Kaiser singen und ich sing' deinen.

Gut, sagt Maite, ist mal was anderes. Sie schaut zum Himmel hoch und schlägt den Takt mit links auf ihrem linken Knie.

Voll

Jede Menge dumme Rechte, auch sehr viele schlaue Schlechte.
Alte Linke, glatte Kahle, Schicke, junge Liberale.
Richtig Doofe, Islamisten, smarte Rüstungslobbyisten.
Sportliche, naturbelassen, Zwei, die in kein Schema passen,
nette Klimaaktivisten, sturzbetrunkene Juristen,
Bäuerinnen, Nihilisten, die sich mit rein gar nichts brüsten.
Hühner, die vor allem stören, weil sie hier nicht hingehören.
Üble, eklige Rassisten, untypische Funkbassisten.
Weltenbummler, Christinnen, und Anästhesistinnen,
Mörderinnen und Ikonen, die gleich um die Ecke wohnen.
Flotte Superpädagogen, polyglotte Demagogen.
Schräge Vögel, feine Geister, Labersäcke, alte Meister.
Göttinnen, die niemand kennt, Leute, die man Arschloch nennt.
Abgefeimte Spezialisten, routinierte Analysten,
Bäckerinnen und Friseure, ausgelassene Ingenieure.
Ein paar Mädchen auf der Mauer, ohne Geld und Superpower.
Arme Schwarze, reiche Weiße, Hamburger, die Fleischhut heißen.
Falsche Helfer in der Not, tapfere Krieger, leider tot.
Imkerinnen, Fabrikanten, Plünderer und sexy Tanten.
Marsianer, Päderasten, Beamte, die wie irre fasten.
Geldverkäufer, Kampfartisten, Indigene, Hinduisten,
Asselforscher, Tassensammler, schüchterne Ich – hasse – Stammler,
Trinker, Diätistinnen, forsche Journalistinnen.
So kann das endlos weitergehen. Sagst du mir, was das soll?
Ja, sicher. Apotheker, so! Jetzt ist die Seite voll.

Existenzarzt Dr. Florian

Es ist schwierig, ein interessantes Leben zu führen, wenn man keine Interessen hat, sagt Dr. Florian.

Ich hatte noch nie Interessen, sagt der Lokführer Armin T. Und das war ja auch nicht weiter schlimm, solange ich meinen Beruf ausüben konnte.

Aber auch ohne Long COVID wären sie in Kürze an diesen Punkt gekommen, sie sind im Rentenalter, sagt Dr. Florian. Haben sie denn nie versucht, Interessen zu entwickeln?

Armin lacht. Also, wie soll das denn gehen? Interessen entwickeln … das sind doch keine Projekte! Interessen hat man oder nicht.

Und was war mit ihrer Frau? fragt Dr. Florian. An der waren sie doch sicher interessiert, oder?

Die habe ich geliebt, antwortet Armin, das ist doch ganz was anderes!

Wann waren sie denn das letzte Mal unter Menschen, fragt Dr. Florian. Ich meine keine Einkäufe oder Arztbesuche oder TÜV und sowas. Ich meine Essen gehen oder Feiern.

Am Rosenmontag, sagt Armin, da habe ich mir den Umzug angesehen. Ich war auch kostümiert.

Als was?

Als Biber, sagt Armin. Das Kostüm lag auf dem Speicher. Meine Frau hat es vor vielen Jahren mal getragen, da ist sie in einer Nagetiergruppe mitgegangen. Es ging auch um die Umwelt.

Und das war ein richtiges Biberkostüm? fragt Dr. Florian. Mit großen Zähnen und langem breiten Schwanz?

Ja, sagt Armin T., das hatte meine Frau damals selbst genäht, und der Schwanz war aus einer Fußmatte geschnitten, richtig stabil.

Dann interessiert sie Karneval also schon. Und das Verkleiden, oder?

Armin schüttelt den Kopf. Iwo! Kein bisschen. Ich kann das ganze aufgedrehte Getue nicht leiden. Und diese Alkoholexzesse! Widerlich!

Hatten sie denn Spaß?

Nein, sagt Armin. Null. Es war anstrengend, ständig ist mir jemand auf den Schwanz getreten, oft war es auch Absicht, da bin ich mir sehr sicher.

War der Schwanz denn nicht auf Steißbeinhöhe angebracht? fragt Dr. Florian. Hing der nicht so einfach vor ihrem Hintern?

Nein, sagt Armin T. Der Schwanz war an einem Stiefel hintendran, der schleifte über den Boden.

Dr. Florian muss lachen.

Ist das so lustig? fragt Armin T.

Ja schon, sagt Dr. Florian. Das finde ich schon lustig. Und außergewöhnlich! Schwänze sind in der Regel die Verlängerung der Wirbelsäule, die sind nicht an den Schuhen dran.

Mein Schwanz schon, erwidert Armin.

Aha! sagt Dr. Florian, dann hat sich ihre Frau wohl etwas dabei gedacht!

Was meinen sie? fragt Armin T. Meine Frau war kreativ, sie war nicht Null acht fünfzehn. Sie hat immer mal wieder etwas anders gemacht als andere. Sie hatte sowas Künstlerisches.

Offenbar, sagt Dr. Florian.

Und sie war auch sehr kommunikativ! ruft Armin T.

Sie mochte Menschen.

Das glaub' ich, sagt Dr. Florian. Wahrscheinlich wollte sie, dass Leute ihr auf den Schwanz treten, um mit ihnen in Kontakt zu kommen.

Armin T.s Miene verdüstert sich. Wollen sie damit sagen, meine Frau war eine sexgeile Schlampe?

Das haben sie gesagt, meint Dr. Florian. Glauben sie nicht, dass sie andere Männer kennen lernen wollte? Oder hat Sex sie nicht interessiert?

Nein, sagt Armin T. Sex fanden wir beide uninteressant.

Dann weiß ich auch nicht, warum jemand im Karneval einen schweren Biberschwanz hinter sich herschleift, sagt Dr. Florian.

Typisch Therapeut! ruft Armin. Sowas von fantasielos! Ich glaube, sie wollte sich wie ein Biber fühlen, verstehen sie? Biber schleifen ihren Schwanz ja auch hinter sich her, denen hängt er auch nicht in den Kniekehlen.

Dr. Florian nickt, interessant! Sie hatten eine interessante Frau, Herr T.

Ja, hatte ich, sagt Armin. Er reicht Dr. Florian die Hand. Auf Wiedersehen! Und beim nächsten Mal erzählen sie mal was von sich!

Das ist unrealistisch, sagt Dr. Florian und lächelt.

Ich weiß, sagt Armin T. Aber es interessiert mich nicht.

Gesang des Friedlichen

Ich geh' dir aus dem Weg,
solange es geht.
Warum denn nicht?
Es ist fast nie zu spät,
etwas einzusehen,
egal wie dumm.
Und wenn du mich aufhältst,
kehre ich um.
Und wenn du mich verfolgst,
laufe ich weg.
Das Gerede von Feigheit
interessiert mich einen Dreck.
Aber wenn du zu schnell bist,
zeig' ich dir, was ich hab'!
Dann drehe ich mich um
und knalle dich ab.
Ja, jede Zeit hat so ihre Tendenzen.
Ich bin Pazifist,
aber alles hat auch seine Grenzen.

Mutti und Natali

Mutti, was ist Stickstoff? fragt die kleine Natali.

Na, Stickstoff eben, sagt die Mutter, wie der Name sagt: das ist ein Stoff, auf dem man etwas stickt.

Was denn? fragt Natali.

Zum Beispiel Autos oder Prinzessinen oder Sterne, was du willst!

Aber wenn ich gar nichts sticken will?, fragt die Tochter. Was kann ich dann mit dem Stickstoff machen?

Die Mutter schaltet den Fernseher aus und sagt: Na ja, du kannst ihn der Erde in das gefräßige Maul stopfen!

Natali sieht die Mutter fragend an.

Ich meine, erklärt die Mutter, du kannst im Garten ein Loch buddeln und den Stoff da hineinlegen. Dann kommen die Regenwürmer und wickeln sich darin ein, sie lieben Wickelkleider!

Ach, Mutti! ruft das Kind, Regenwürmer sind immer nackt, die hab' ich schon so oft gesehen und die sind immer nackt!

Im Sommer, sagt die Mutter, sind sie natürlich nackt. Und wenn es regnet, klar, dann ziehen sie keine Wickelkleider an. Aber im Winter schon. Sie müssen sich doch warmhalten, sonst werden sie ganz hart und steif und liegen völlig nutzlos im Boden herum und langweilen sich.

Sie sind dann gerade? fragt Natali, wie Speere?

Wie Speere! ruft die Mutter überrascht. Was du schon alles weißt! Wie Speere, ja. Wenn sie gefroren sind, können sie sich nicht mehr kringeln.

Und dann kommt der Maulwurf, ruft Natali, und packt

sich einen Regenwurmspeer und schleudert ihn auf die Wühlmäuse und auf die Menschen und der Speer fliegt in die gefräßigen Mäuler.

Natali, ruft die Mutter, das ist ja ekelhaft! Ein bisschen Fantasie ist schön, aber alles hat seine Grenzen. Außerdem sind die Maulwürfe blind, die würden gar nichts treffen, höchstens aus Zufall.

Aber ihr Fell ist superweich, sagt Natali. Ich hätte gerne ein Portemonnaie aus ihrem Fell, dann wäre das Einkaufen noch schöner.

Frag' Opa, sagt die Mutter. Der fängt ja manchmal welche. Und die Oma kann gut nähen.

Mach' ich, sagt Natali, und verschwindet auf ihr Zimmer. Sie wird Maulwürfe malen und obwohl sie jetzt weiß, dass Maulwürfe blind sind, malt sie allen kleine gemeine Augen. Und alle haben Rückennummern. Sie werden das Bargeld abschaffen, denkt die Mutter. Sie denkt nur noch diesen einen Satz. Dann hört sie auf zu denken. Sie kann das.

In der Küche

Mutti, wann hört der Krieg in der Ukraine auf? fragt der neunjährige Dylan seine Mutter Kerstin.

Dylan! sagt die Mutter streng. Wie heißt das?

Entschuldige, sagt der Junge.

Schon gut! meint die Mutter. Also!?

Wann hört der unprovozierte, brutale, russische Angriffskrieg in der Ukraine auf, Mutti?

Wenn wir den tapferen Ukrainern endlich die Waffen liefern, die sie haben wollen.

Aber Mutti! ruft Dylan. Sie wollen die Atombombe! Wer sagt das? fragt die Mutter.

Uromi, antwortet der Junge.

Die ruf' ich gleich mal an! sagt Kerstin zornig. So etwas zu erzählen! Uromi ist dement, aber das geht gar nicht. Was habt ihr denn gemacht?

Wir haben schwule Deprimusik gehört.
Dylan! ruft Kerstin. Wie drückst du dich denn aus? Was war das?

So Männer in Uniformen mit hohen Stimmen, die in den Bergen singen.

Das ist Volksmusik, erklärt Kerstin. Uromi mag das. Das ist die heile Welt.

Sind die echt? fragt Dylan.

Natürlich sind die echt, sagt Kerstin. Meinst du, die Uroma ist in virtuellen Welten unterwegs?

Die lächeln immer, sagt der Junge. Die singen und lächeln und viele blasen wie bescheuert in diese goldenen Dinger!

Das ist Blasmusik, sagt Kerstin. Das findet die Uroma

schön. Sie sieht doch glücklich aus, wenn sie das hört, oder?

Und warum heißt das Volksmusik? fragt Dylan. Was ist das: Volk?

Frag' mich was anderes, antwortet Kerstin. Ich weiß nur eins: das Leben in den Bergen ist verdammt hart. Früher hatten die kaum was zu beißen und jetzt müssen sie sich mit Touristen abplagen, mit Fremden. Also ich sag' dir, wenn wir in den Bergen leben müssten, würden wir auch Volksmusik machen. Da ist viel Verzweiflung im Spiel.

Verzweiflung? fragt der Junge. Das ist schlimm, oder?

Kerstin nickt. Natürlich. Täglich dieses auf und ab! Was glaubst du, wie das nervt! Berg und Tal und Berg und Tal und Berg und Tal!

Und warum ziehen die da nicht weg? fragt der Junge. Wenn die so verzweifelt sind, sollten sie da wegziehen!

Sie sind das Volk, sagt Kerstin, sie sind das Volk der Berge, sie können nicht einfach wegziehen. Wie stellst du dir das vor?

Machen doch alle, sagt Dylan. Die Schwarzen aus Afrika und die Weißen aus der Ukraine.

Die werden schon sehen, was sie davon haben! ruft Kerstin. Man kann nicht einfach so seine Heimat verlassen und woanders Wurzeln schlagen. Der Mensch ist kein Baum.

Der Junge grinst.

Was gibt's denn da zu grinsen?

Wenn die Menschen Bäume wären, könnten sie gar nicht flüchten, sagt Dylan. Und wenn die Bäume Beine hätten, wäre der Regenwald doch schon längst bei uns!

Diese Kinder, denkt Kerstin. Wir waren früher nicht so schlau. Die werden immer schlauer.

Verstehst Du? fragt Kerstin. Ein Volk kann seine Heimat nicht verlassen. Die Menschen aus den Bergen, sagen wir mal: Tirol. Die können nicht einfach nach Hamburg ziehen und so tun, als wäre das in Ordnung. Das wäre es ja nicht. Da müssten sie dann Seemannslieder singen.

Verstehe, sagt der Junge.

Jedes Volk muss in seiner Heimat bleiben und Volksmusik machen oder Heimatlieder singen, sagt Kerstin. So, und jetzt muss ich die Wäsche aufhängen. Sie geht durchs Wohnzimmer zur Waschküche.

Kerstin! Was erzählst du dem Kind für einen Quatsch, der wird noch Nazi!

Erzähl du ihm was anderes, ruft Kerstin.

Ist doch deine Oma, erwidert Robert. Er macht sein Smartphone aus und denkt: Ich rede nie so viel.

Legenden

Oliver Kahn und Dschingis Khan reiten auf ihren kleinen, zierlichen Pferden gemächlich nebeneinanderher. Die Pferde finden es nicht lustig. Sie sind für Mädchen unter zehn gemacht. Deshalb haben sie auch unfassbar lange, flechtbare Mähnen, die bis zum Boden reichen.
  Was macht du denn beruflich? fragt Dschingis.
  Fußballmanager, sagt Oliver. Und früher war ich Torwart, Fußballtorwart.
  Fußball? fragt Dschingis Khan. Was ist das denn?
  Der deutsche Sportsmann erklärt ihm alles haargenau.
  Hör' auf, ruft Dschingis irgendwann. Das ist ja der reine Wahnsinn! Da laufen 23 Männer über ein Spielfeld und fast die Hälfte davon freut sich, wenn ein Ball in eins der beiden Tore fliegt und Tausende Zuschauer jubeln auch, manchmal sogar Millionen! Das ist irre!
  Das ist normal, sagt Oliver Kahn.
  Normal? fragt Dschingis Khan? Da fliegt ein Ball ins Tor und die Leute rasten aus, das findest du normal? In meiner Welt hätte das alle extrem gelangweilt. Da hätte vielleicht ein abgeschlagener Kopf ins Tor fliegen müssen, sowas in der Art.
  Die Menschheit hat sich eben weiterentwickelt, sagt der Torwart. Vielleicht hat es mit abgeschlagenen Köpfen angefangen. Und irgendwann sind aus den Köpfen Bälle geworden. Und das ist gut so. Ich hätte nicht so gerne blutige Köpfe gefangen.
  Dschingis Khan sieht ihn verächtlich an. Sie schwitzen.
  Diese Wüste macht mich fertig, sagt der Deutsche. Was ist das da am Horizont?

Ein Wassereisverkäufer, sagt der Mongole.

Na, Leute!? ruft der als Tuareg verkleidete Exiltexaner. Eine Erfrischung gefällig? Bevor er die Preise aufsagen kann, hat Dschingis Khan ihm den Kopf abgeschlagen. Nachdem sie das ganze Wassereis in sich hineingesogen haben, ruft der Feldherr: Komm, lass' uns Fußball spielen! Die Ponys sind die Pfosten! Geh' ins Tor!

Er legt den Kopf des Wassereisverkäufers auf den improvisierten Elf-Meter-Punkt und wuchtet ihn ins Tor.

Genau in den Winkel, sagt der Schütze trocken.

Klar drüber, ruft Oliver Kahn, der sich vergeblich streckte.

Ohne Latte gibt es immer Streit, das weiß ja jeder Fußballfan. Der Torwart will noch etwas sagen, da schlägt Dschingis auch ihm den Kopf ab. Der versucht noch was zu brüllen, aber ihm fehlt der Hals dazu. Der Mongole hat sich beim Schuss den Fuß gebrochen, er verzieht jedoch keine Miene. Er schwingt sich auf sein Pony und nimmt auch das zweite mit. Am Abend erreicht er die Oase Bierpalast.

Hey, Dschingis! ruft der Wirt. Schlag' mir bitte nicht den Kopf ab! Ich weiß als einziger den Zapfhahncode.

Dschingis grinst und flüstert: Lügner.

Vorbei

Vorbei an Menschen
mit Geschichten und Psychen,
vorbei an Körpern,
die nach Weichspüler riechen.
Vorbei an Menschen
durch Schatten und Licht.
Ich überhole, sie
überholen mich.
Vorbei an Menschen
mit Glück und Spaß.
Wenn du mal so Schmerzen
wie die Omma hast.

Angst vor Gott

Ich habe Angst vor Gott, sagt Kurt. Wenn ich sehe, was wir Menschen einander antun und wie wir unseren Planeten ruinieren – das kann nicht gutgehen. Gott wird uns fürchterlich bestrafen!

Hasso lacht: Ach, Gott! Der hat schon so viel Elend durchgewunken. Die größten Lumpen treten in seinem Namen vor die Kameras und verkünden, für Recht und Ordnung zu stehen, das lässt den alles kalt. Er lässt seine ärmsten Schäfchen von miesen Schurken verarschen und als Kanonenfutter enden. Das Schicksal nimmt seinen gnadenlosen Lauf und Gott lehnt an der Wand und grinst und zündet sich vielleicht einen Zigarillo an, mein Lieber!

Das Leben ist kein Spaghetti-Western! ruft Kurt. Und nenn' mich nicht immer »mein Lieber«. Auch ich bin böse. Ich habe Geld unterschlagen, Steuern hinterzogen und der verfluchte Sexualtrieb verdirbt mir noch die edelsten Gefühle!

Hört, hört! ruft Hasso. Dieser Mann hier hat edelste Gefühle! Er hebt die Flasche und die beiden stoßen an.

Schämen sie sich, sagt eine ältere Passantin. Sie sind betrunken und grölen antisemitische Parolen! Ich werde sie festnehmen lassen, ach was! Das mach' ich selbst!

Sie zeigt den beiden Männern einen DIN-A-4 großen selbstgemachten Ausweis. Unter ihrem aquarellierten Selbstporträt steht: Privatkommissarin Brigitte Stab. Die Männer lachen.

Sie sehen zu viel fern, ruft Kurt. Das kommt davon, wenn man ständig drei Tatortfolgen nacheinander guckt!

Sie sind krimigeschädigt! Und sie hören Stimmen! Wir haben hier gar nichts gegrölt!

Und jetzt auch noch gegen Amerika hetzen! ruft die Rentnerin. Das geht zu weit! Sie holt aus ihrer Tasche einen Revolver. Ich werde sie durchlöchern wie eine Gaspipeline, wie einen russischen Aggressor! Kurt macht einen Schritt nach vorne, um sie zu entwaffnen, doch sie trifft ihn mitten ins Herz. Hasso versucht noch wegzulaufen, sie schießt ihm dreimal in den Rücken!

Bravo! ruft ein alter Mann. Sie sind ja echt auf Zack!

War lange bei der Polizei, sagt Frau Stab. Das muss doch für was gut gewesen sein!

War es, sagt der Alte. War es! Die sind hin! Saufendes Gesindel. Ohne die ist unser Park viel schöner.

Eben, sagt Frau Stab. Man sieht sich! Der Alte lupft den Hut ganz kurz, dann gehen sie auseinander.

Warst du spazieren? fragt Frau Stabs Schwiegertochter Sonja.

War schön, sagt Frau Stab.

Und warum nimmst du nicht den Rollator? fragt Sonja.

Sonja! ruft Frau Stab. Du weißt, wie ich diese Dinger hasse!

Wie kann man nur in deinem Alter noch so eitel sein? ruft die Schwiegertochter. Und nachher liegst du da, Oberschenkelhalsbruch etc…

Die Schwiegermutter schweigt.

Hast du noch Munition?

Die Schwiegermutter nickt.

Was ist denn? fragt Sonja, wirst du jetzt depressiv?

Ach, Kind, sagt die Rentnerin. Dieses Töten gibt mir nichts mehr. Sie zittert.

Aber Mutter! ruft Sonja. Was hast du denn?

Ich habe Angst vor Gott, flüstert Frau Stab. Wenn es ihn nun doch gibt!

Blödsinn, sagt die Schwiegertochter. Du wirst doch auf den letzten Metern nicht noch gläubig werden? Frau Stab sieht sie mit großen Augen an, fasst sich ans Herz und fällt tot um.

So kurz vorm Urlaub, denkt die Schwiegertochter. Immer muss sie Ärger machen! Sie benachrichtigt ihren Mann und kurze Zeit später steht Peter Stab vor der Leiche seiner Mutter.

Gut, dass es so schnell ging! sagt er und wählt die Nummer der Bestatterin. Er sagt das Nötige und setzt sich in den Korbsessel auf der Veranda. Sonja bringt ihm ein Glas stilles Wasser.

Hat sie noch etwas gesagt?

War schön, antwortet Sonja. Und dann hat sie gelächelt und ist umgefallen.

Schöner Tod, sagt Peter Stab. Sie hatte ihr Alter und sie hat sich bis zum Schluss selbst verwirklicht! Die Eheleute lächeln.

Ich werde sie vermissen, sagt Peter. Ihren Humor und vor allem ihre Härte. So knallhart konnte ich nie sein.

Ich auch nicht, sagt Sonja.

Am Grab

Komm' mit nach Hause, sagt die alte Frau. Du hast jetzt schon ein halbes Jahr hier rumgelegen. Heute ist unser Hochzeitstag. Soll ich alleine feiern?

Ich kann nicht, sagt der Mann. Tot ist tot und das ist man für immer, wusstest du das nicht?

Das sagst du doch nur, damit du hier weiter mit deinen alten Kumpels herumlungern kannst! Der ganze Kegelclub liegt hier, die Frauen auch. Los, komm' du fauler Sack! Ich sterbe vor Einsamkeit.

Du bist faul, flüstert der Mann, damit es niemand hört. Du musst das Alleinsein aushalten, verstehst du? Das ist harte Arbeit, ich weiß. Diese kolossale Traurigkeit ist nicht so einfach zu verkraften. Aber du hast die Kraft. Dein Leben war gut, wir haben uns geliebt, wir hatten eine gute Zeit. Und was ist mit den Kindern?

Ach, Heiko, sagt die Frau, die Kinder! Ich bin mit dir verheiratet und nicht mit den Kindern! Und Josef ist weit weg. Und Maria wohnt zwar nebenan, aber die rennt nur rein und raus! Ich sitze stundenlang nur da und schau' die Wände an.

Du könntest rausgehen, sagt der Mann. Ich meine, wenn das Wetter schön ist, könntest du doch spazieren gehen.

Ich hasse den Rollator, ruft die alte Frau, das weißt du!

Er ist ein gutes Hilfsmittel, flüstert der Mann.

Wenn du weiter den Stock benutzt, wirst du immer krummer laufen und irgendwann geht gar nichts mehr.

Dann geht eben nichts mehr! ruft die Frau. Das ist mit 93 keine Schande! Ich bin alt genug, das zu entscheiden.

Und die vom Pflegedienst! Wenn du die sehen könntest! So ungepflegt! Sitzt da und dreht nur Däumchen. Die sieht nur mit mir fern und nachher schreibt sie auf, was sie alles für mich getan hat! Das ist ein einziger Schwindel!

Sie will dir nur Gesellschaft leisten, sagt der Mann.

Na, danke! ruft die Frau. Die hätte ich früher nicht getroffen! Solche Leute hätten wir nicht gekannt.

Also, ich höre, sagt ihr Mann, du bist ganz gut versorgt!

Die alte Frau ringt nach Atem. Ich tret' dir gleich die Astern um, ruft sie, und macht schon einen Schritt nach vorn.

Vorsicht, Frau Mänsch! Sagt eine warme Stimme. Besser nicht so große Schritte machen! Nachher tun sie sich noch weh!

Ach, Ruth! sagt die alte Frau. Sie sieht der Nachbarin in die Augen. Sie sind verweint. Ihr Mann ist letzte Woche mit 58 gestorben. Auf seinem Grab liegen noch frische Kränze und Blumen.

Soll' ich sie nach Hause begleiten? fragt die Jüngere.

Nein, Ruthi, sagt die alte Frau. Das ist sehr lieb, aber wir müssen noch etwas besprechen.

Gut, sagt die Nachbarin und geht gebückt zum Ausgang hin.

Als sie nicht mehr zu sehen ist, sagt die alte Frau: Also, was ist? Kommst du nun mit oder nicht?

Lieschen, sagt der Mann. Nun sei vernünftig! Geh' nach Hause und sei zufrieden! Und trink' auf unseren Hochzeitstag ein Gläschen Wein. Vielleicht lädst du noch jemand ein.

Das Elend auch noch feiern! ruft die Frau. Gehts noch? Ich bin so einsam wie – sie hatte eigentlich wie ein Schwein sagen wollen, sagte dann aber Stein! Wie kannst du nur?! Du bist so hart! Lässt mich allein und machst zu unserem Hochzeitstag auch noch saudumme Vorschläge! Ich werde mich von dir scheiden lassen, geht das posthum?

Ich weiß nicht, sagt der Mann. Ich werde mich erkundigen.

Wo denn? fragt die Frau.

Na, hier im Himmel, sagt der Mann. Die wissen alles. Ich sag's dir dann beim nächsten Mal.

Du bist im Himmel? fragt die Frau. Das hab' ich nicht gewusst. Na, wenn das so ist – sie lächelt. Da komme ich ja auch bald hin, dann sehen wir uns endlich wieder.

Wann kommst du? fragt der Mann.

Im Winter, sagt die Frau. Vor Weihnachten. Dann feiern wir zusammen.

Sankt Martin

Der Zug ging zum Demenz-Zentrum.
Konnte man vergessen.
Jemand sagte, da gäbe es
zu trinken und zu essen.

So gingen wir durchs Dunkel.
Niemand hat gesungen.
Sankt Martins Pferd war viel zu klein,
er selbst war nicht gelungen.

Sah eher wie ein Jockey aus.
Und dann das lange Haar!
Von nahem war dann gut zu sehn,
dass es Sankt Martina war.

Die Kleine wurde müde,
der Weg war viel zu weit.
Wir sind nach Hause gegangen,
wurde auch höchste Zeit!

Advent

Kommst du mit in den Wald? fragt der ehemalige Bäckergeselle Hajo, seine Freundin Lisa. Ich möchte dem Frühlingsgott etwas opfern.

Was denn? fragt Lisa.

Meine alten Hausschuhe, sagt Hajo.

Die junge Frau muss lachen. Also, Hajo! Wenn man etwas opfert, sollte es kein Müll sein!

Ich liebe meine alten Hausschuhe, sagt Hajo. Ich hätte sie noch 1000 Jahre getragen, aber sie sind verschlissen, es ging nicht mehr.

Und warum willst du jetzt mitten im Winter dem Frühlingsgott etwas opfern? Der Frühling kommt so oder so.

Aus Spaß, sagt Hajo. Etwas opfern macht Spaß! Ich hebe auch gerne Gräber aus und lege etwas Schönes hinein. Ich liebe Grabbeigaben! Und Monate später stehle ich sie auch, weil ich ein Faible für Grabräuber habe.

Lisa sieht ihn lange an. Das denkst du dir nur aus, oder? Oder hast du ein zweites geheimes Leben?

Ich habe so viel Zeit! ruft Hajo. Seitdem ich das Bürgergeld bekomme, fühle ich mich wie neugeboren. Ich bin so kreativ! Endlich kann ich so sein, wie ich wirklich bin.

Ein Grabräuber, sagt Lisa. Ja! ruft Hajo. Was ist denn daran so schlimm? Ich raube ja nur meine eigenen Grabbeigaben. Noch, sagt Lisa. Aber das wird dir irgendwann nicht mehr reichen. Dann fliegst du nach Ägypten.

Na, so hoch ist das Bürgergeld nun auch nicht, sagt Hajo. Es klingelt.

Da ist mein Weihnachtsbaum! ruft Lisa.

Sie geht in den Flur und kommt mit dem Paket zurück.

Lisa, sagt Hajo, die Meere sind voller Kunststoff! Und du bestellst dir einen Plastikbaum!

Besser als echte Bäume abzuholzen! sagt Lisa.

Was ist? fragt Hajo. Kommst du nun mit?

Es gibt keinen Frühlingsgott, sagt Lisa. Es gibt auch keinen Wintergott und keinen Sommergott und keinen Herbstgott.

Es gibt auch keinen Fußballgott, sagt Hajo.

Na, also! ruft Lisa. Das sind alles Hirngespinste!

Und was ist mit deinem Weihnachtsbaum? fragt Hajo.

Ach, meint Lisa, das ist doch nur zum Feiern. Weihnachten ohne Weihnachtsbaum und ohne Geschenke ist wie ein Meer ohne Wasser.

Komischer Vergleich, murmelt Hajo. Du kannst doch das Meer nicht mit Weihnachten vergleichen. Das Meer ist viel, viel älter. Und auch ganz was anderes.

Lisa muss lachen.

Was gibts denn da zu lachen?

Ach, nichts, sagt Lisa, ich habe mir nur ganz kurz vorgestellt, wie das wäre, wenn es bei Weihnachten Ebbe und Flut gäbe.

Hajo sieht sie verständnislos an. Weihnachten? Ebbe und Flut? Was soll denn da zu- und abnehmen?

Die Liebe, sagt Lisa. Was sonst? Ist doch das Fest der Liebe!

Hajo nickt.

Ich habe vorhin ein paar ausgeleierte Schlüpfer aussortiert, sagt Lisa. Und auch einen BH. Die kannst du alle opfern.

Ja gut, sagt Hajo. Danke!

Der letzte Wille

Elsbeth, sagt die Großmutter zur Enkelin, wenn du zu IKEA gehst, pass auf! Die waren in dem riesigen Atomkraftwerk in der Ukraine! Bestimmt sind die alle radioaktiv verseucht!

Ach, Oma! ruft die Enkelin. Was sollten die von IKEA denn in dem Atomkraftwerk wollen?

Die Oma denkt kurz nach. Ich weiß es nicht mein Kind, aber Möbel braucht doch jeder. Auch in einem Atomkraftwerk müssen die Leute ja sitzen können, oder denkst du die rennen da alle nur rum?

Ich war noch nie in einem Atomkraftwerk, Oma, ich weiß es auch nicht.

Wahrscheinlich haben die Russen da alles kaputt gemacht, fährt die Großmutter fort. Und jetzt bringen die von IKEA neue Sachen hin, das hat der Bundeskanzler doch versprochen. Und was man versprochen hat, muss man auch halten.

Ich weiß nicht, sagt die Enkelin. Politik ist mir egal. Glaubst du, ich ziehe so einen weißen Schutzanzug an, wenn ich nach IKEA gehe? Ich hab' gar keinen.

Bei Action haben sie welche, sagt die Großmutter. Die sind ganz billig und vorne steht ganz groß Action drauf!

Die Enkelin muss lachen. Also, Oma, glaubst du wirklich, mit so einem Anzug gehe ich bei IKEA rein?

Ich will doch nur, dass du gesund bleibst, sagt die Oma. Nachher haben wir die Ukraine wieder aufgebaut und sind alle radioaktiv verseucht. Ich mach' mir große Sorgen!

Ja, schimpft die Enkelin, seitdem Opa tot ist, sitzt du

nur noch rum und machst dir große Sorgen. Du hast dir nicht einmal um Opa so große Sorgen gemacht, wie jetzt um alles andere! Du schnappst hier und da was auf mit deinem schlechten Gehör und schmeißt alles durcheinander. Du solltest dich aufraffen und in die Tagespflege gehen!

Niemals geh' ich ins Altersheim, ruft die Großmutter. Eher schmeiß' ich mich vor einen Sattelschlepper!

Da lacht die Enkelin schon wieder.

Was ist das denn? Einer, der einen Sattel schleppt? Also, Oma! Jetzt redest du wirklich dummes Zeug!

Früher gab's die, sagt Großmutter. Aber wir wollen ja nicht unnötig streiten. Die Generationen müssen zusammenhalten.

Das fällt dir reichlich spät ein, sagt die Enkelin. Deine Generation hat das Klima kaputt gemacht!

Ich hab' gar keinen Führerschein, sagt die Großmutter. Hier hast du was! Danke, sagt die Enkelin. Sie steckt das Geld in ihre Hosentasche. Aber verbrenn' es bitte nicht, ermahnt sie die alte Frau.

Was? fragt die Enkelin. Warum sollte ich denn Geld verbrennen?

Das ist doch auch so eine Mode, sagt die Großmutter, dieses Geldverbrennen! Manche verbrennen sogar Milliarden und Millionen. Das ist doch skandalös! Verkommen und skandalös! Anstatt das Geld armen Menschen zu geben, verbrennen sie es. Sie schüttelt den Kopf.

Ach, Großmutter, sagt die Enkelin. Du machst dir einfach zu viele Gedanken! Und Mutti hat recht: Du brauchst ein Hörgerät!

Ach, die! ruft die Großmutter. Sie hört mir nie zu und ich soll mir ein Hörgerät kaufen! Hier rein, da raus! Wenn ich was sage, heißt es immer: Sei zufrieden, andere sind im Altersheim!

Stimmt doch, sagt die Enkelin, die sind im Altersheim! Die in deinem Alter sind alle da und du könntest sie besuchen und ihr könntet euch mega unterhalten. Du redest doch so gerne!

Die liegen alle im Koma, sagt die Großmutter. Oder sie sind dement.

Die Enkelin winkt ab. Wir meinen es nur gut mit dir.

Ich weiß, mein Kind, sagt die Großmutter, ich weiß. Schade, dass ihr so wenig Zeit habt! Mir kommen die Tage so lang vor, endlos lang. Sie drückt der Enkelin die Hand.

So ist das Oma! ruft die Enkelin, schon in der Tür. Du hast zu viel Zeit und wir zu wenig. Aber was ist schon perfekt? Sie schließt die Tür.

Perfekt, denkt die Großmutter, das sollen sie auf meinen Grabstein schreiben, aber mit ck! Das schreib' ich noch ins Testament.

FBI

Ein Äffchen, eine Biene und ein Ei unterhielten sich über die Welt, und das Äffchen sagte: Ich finde sie ganz schön, aber ich bin so einsam.

Du bist eben kein richtiger Affe, sagte die Biene. Richtige, lebendige Affen sind nie einsam. Aber du bist ja nur ein weggeworfenes Plüschtier und liegst hier im Gebüsch bei Wind und Wetter, schmutzig bist du auch schon und von Hunden vollgepinkelt. Wer will dich schon haben? Die Welt ist voller bunter, nagelneuer, duftender Kuscheltiere. So ein braunes schmuddeliges Ding hat keinen Wert. Du wirst dich damit abfinden müssen, hier zu vermodern. Ist ja nicht das Schlechteste.

Ich weiß nicht, sagte das Äffchen. Was hab' ich denn schon erlebt?

Das musst du schon selber wissen, entgegnete die Biene. Ich habe viel erlebt und wenn ich nicht tot wäre, würde ich mich hier nicht mit dir und diesem vergessenen Osterei unterhalten. Ich habe die schönsten Blüten besucht und tonnenweise Nektar in den Stock geschleppt, ich hatte ein tolles Leben!

Viel Arbeit, sagte das Ei. Und wozu? Damit die Menschen euch den Honig wegnehmen und sich damit ihre fetten Bäuche vollschlagen.

Ach, die Menschen! ruft die Biene. Ich finde sie ganz nett. Sie kümmern sich um uns. Ich habe für mein Volk und meine Königin gearbeitet, nicht für die Menschen. Was sollen wir denn machen? Sie sind so groß und stark! Sie sind so mächtig, dass sie sich nehmen können, was sie wollen. Aber sie kümmern sich um uns.

Schon mal was von Bienensterben gehört? fragte das Ei. Ja, natürlich, sagte die Biene. Es wird viel geredet. Die Hummeln quatschen viel und die Hornissen auch. Die Wespen lästern ständig über Menschen, aber kaum gibt es Pflaumenkuchen, rasten sie aus. Sie sind so verlogen!

Aber ich kann verstehen, dass du die Menschen nicht mehr abkannst. Sie haben dich vergessen. Obwohl du schön rot bist, haben sie dich vergessen. Ich bin blau, sagte das Ei.

Egal, rief die Biene. Seitdem ich tot bin, kann ich die Farben nicht mehr unterscheiden. Sie haben dich vergessen und jetzt faulst du seit Wochen vor dich hin. Etwas Schlimmeres kann es für ein Osterei nicht geben.

Oh, doch, rief das Ei. Wenn mich ein Mörder oder ein Diktator genüsslich gegessen hätte, das hätte mir gestunken!

Jetzt stinkst du sicher schlimmer, meinte die Biene.

Das kannst du als Monarchistin, rief das Ei, gar nicht ermessen, wie eklig es ist, von einem Diktator gegessen zu werden.

Das stimmt, sagte die Biene. Aber mir war nicht klar, dass ihr Eier Demokraten seid.

Wir sind alle gleich, sagte das Ei.

Die Biene lachte. Blödsinn! Nicht mal alle Hühnereier sind gleich! Und ein Meisenei und ein Straußenei unterscheiden sich, das kannst du mir glauben! Ihr seid kein Volk, ihr habt keinen Staat. Und dann laberst du von Demokratie. Ihr Eier seid so unterkomplex!

Das Ei schwieg.

Was heißt unterkomplex? fragte das Äffchen.

Sehr, sehr einfach, sagte die Biene. Um nicht zu sagen: Dumm.

Das Äffchen schwieg und sah zum Fluss hinüber. Vielleicht kommt eines Tages jemand und wirft mich in den Fluss, sagte es leise. Dann könnte ich die Welt erkunden.

Du würdest dich vollsaugen und untergehen, sagte die Biene.

Ach, sei doch endlich still! rief das Ei. Immer weißt du alles besser!

Weil ich intelligent bin, sagte die Biene.

Weil du tot bist, sagte das Ei.

Überraschung

Ich stand am Strand,
unter mir Sand,
über mir Himmel,
dazwischen ich,
mit Körper und Geist,
was schließlich beweist
und man leicht vergisst:
Es gibt etwas,
das in Ordnung ist.

Im Flow

Ich habe unten einen Zahn und oben einen, sagt das Zweizahnmonster und wer nicht lieb ist, dem beiße ich die Rübe ab.

Oh! rufe ich. Wer ist schon immer lieb?

Dein Pech, sagt es.

Ein Jogger überholt mich.

Du bist ein Jazzer! rufe ich. Nur Jazzer tragen solche Käppis!

Und du bist ein Singer/Songwriter, sagt er. Stimmt's?

Ich staune. Woher weißt du das denn?

Ist doch heute jeder, sagt er. Warum hast du denn deinen Kopf unterm Arm?

Weil ich nicht lieb war. Bist du immer so schnell?

Nur wenn ich überhole, sagte der Jazzer.

Diese Jazzer, denke ich, sie haben so etwas verbissen Lockeres. Oder haben sie etwas locker Verbissenes? Ich weiß es nicht. Immer kommen Leute zu mir mit minderwertigem Papier. Sie sagen: Guck mal! Das hab' ich da und da gekauft! Was soll' ich dazu sagen? Wenn sie so doof sind, jetzt Papier zu kaufen! Bin ich verantwortlich dafür? Bin ich der Papierbeauftragte der Bundesregierung? Ich lege mich ins hohe Gras, den Kopf auf Schulterhöhe neben mir. Er schaut sich eine hohe gelbe Blume an, die wahnsinnig elegant vor dem blau-weißen Himmel schaukelt.

Nun kriecht eine Angst in mir hoch und sie scheint direkt aus der Wiese zu kommen. Du arbeitest zu viel, sagt sie auf dänisch. Ich verstehe es, denke aber auch: Du hast noch nie richtig gearbeitet.

Ist das ein duales System? fragt mein Schlichter. Mein Kopf schließt die Augen, auf dem linken Lid steht Fuck, auf dem rechten You. Und ich dachte immer, ich hätte keine Tattoos!

Stehen sie bitte auf, sagt eine Frau vom Grünflächenamt. Wir müssen genau an dieser Stelle Probebohrungen oder Grabungen vornehmen.

Was denn nun? frage ich.

Und nehmen sie ihren Kopf mit, ruft sie, den können sie vielleicht nochmal gebrauchen!

Aber da haben mich schon zwei kräftige Kollegen auf eine Ladefläche gesetzt.

Der Kopf! rufe ich. Er fliegt in meinen Schoß. Sie fahren mich zur Hochzeitsinsel. Dort lassen sich Frischvermählte gerne fotografieren. Es ist nur eine Halbinsel. Sie setzen mich dort an den Stamm einer gewaltigen Buche. Schon kommt ein Hochzeitspaar. Es will sich mit mir fotografieren lassen. Ich soll in die Mitte und meinen Kopf legt die Braut vor sich auf den Boden und setzt einen Fuß darauf. Mein Kopf soll lächeln. Er tut ihr den Gefallen. So fliegt die Zeit dahin.

Schließlich ist es stockdunkel. In meiner Nähe sagt ein Uhu den alten Reim aus Kindertagen auf: Eins, zwei, drei, vier, Eckstein! Alles muss versteckt sein! Vor mir, hinter mir, neben mir gilt nicht! Ich komme!

Diese Tiere, denke ich. Warum äffen sie uns nach? Was gibt ihnen das? Ein Eisvogel fliegt auf meinen Kopf. Er riecht nach Fisch und singt den Grätensong: Eine Gräte macht noch keinen Fisch, aber besser als nichts auf dem Tisch! Mein Kopf muss lachen. Nun ist aber gut! Hör auf, hör auf! Wer singt denn da?

Ich höre eine andere Stimme. Sie ist anders als alle anderen Stimmen, die ich je gehört habe und sie erobert sofort mein Herz, obwohl sie nichts erobern will. Und wem gehört sie? Sag' jetzt nicht: Einem Eichhörnchen oder Taylor Swift! Nein, nein! Sie gehört einem kleinen, fetten Kerl, der Steine auf einem abgesägten Baumstamm arrangiert.

Ist das etwas Esoterisches? möchte ich fragen, aber ich warte, bis er mit dem Singen aufhört. Ist das etwas Esoterisches?

Nein! ruft er, fast zornig. Ich lerne zählen. Wir freunden uns an und er wird später Fährmann auf dem Niederrhein.

Warum schreibst du keinen Roman? fragen mich die Kinder.

Über wen denn? frage ich zurück. Es gibt keine interessanten Menschen mehr. Vielleicht gab es noch nie welche.

Darf man seinen Kindern gegenüber so ehrlich sein?

Sie lachen: Ach, der Alte! Seine Seele sieht aus wie Kevin Kühnert!

Ich zucke zusammen. Dürfen Kinder mit Eltern so ehrlich sein?

Ich werde am Wochenende mit einem befreundeten Paar erotische Situationen erfinden und austesten. Ihnen gehört ein geiler Bungalow aus den 60er Jahren in einem Vorort von Aschaffenburg. Das werden intensive Tage. Nachts wollen wir aber schlafen, das steht fest.

Wie ich Lyriker wurde

Ich hatte eine Schreibblockade, ich konnte gar nichts schreiben. Ich wollte, aber es ging nicht.

Dann lass es doch, sagte meine Frau. Du musst doch nicht immer etwas schreiben, dass geht doch gar nicht!

Schriftsteller schreiben immer, erwiderte ich.

Sie lachte. Du bist doch gar kein Schriftsteller! Du findest Schriftsteller cool und du wärst gerne einer, aber in Wirklichkeit bist du nichts. Ist doch ok. Für mich ist das ok. So viele sind was, muss doch gar nicht sein, finde ich.

Wenn du wüsstest, wie weh das tut, sagte ich. Von der eigenen Frau zu hören, nichts zu sein! Das ist so hart! Du hast vielleicht recht, aber es ist so hart. Wie soll ich das verkraften? Ich wäre so gerne Schriftsteller, aber diese Schreibblockaden machen mich fertig.

Du hast doch nichts zu sagen, meinte meine Frau. Willst du denn etwas sagen?

Schriftsteller müssen nichts sagen, fand ich und wusste nicht mehr weiter. Du hast noch nie eine Landschaftsbeschreibung hinbekommen, meinte sie. Und deine Plots sind langweilig, die Dialoge hölzern und entschuldige, wenn ich das so treffend sage: Platt. Deine Dialoge waren oft so platt, dass ich lachen musste.

Hast du oft genug, sagte ich.

Aber nur wenn sie lustig sein sollten, rief sie. Sie waren's aber nie.

Du hast aus Mitleid gelacht? murmelte ich.

Ich finde gut, dass wir mal darüber reden, meinte sie. So alt bist du noch nicht. Du könntest dir ein anderes Hobby suchen.

Der nächste Stich ins Künstlerherz! rief ich. Willst du mich fertig machen?

Hilmar, sagte meine Frau, es geht hier nicht um dich oder mich, es geht um uns, es geht ums Ganze. Die Wahrheiten müssen ausgesprochen werden! Wir sind jetzt alt genug, die ganze Menschheit ist alt genug, um der Wahrheit ins Gesicht zu sehen.

Sprechen sie jetzt, sagte ich automatisch.

Sie fragte: Häh?

Sprechen wir jetzt über mich oder über die ganze Menschheit? fragte ich.

Das hängt zusammen, sagte sie. Alles hängt zusammen!

Ach, was! rief ich. Spar dir diese Floskeln, bitte! Wir hängen vielleicht zusammen, aber es gibt so vieles auf der Welt, dass mit uns gar nichts zu tun hat!

Zum Beispiel? fragte meine Frau.

Ich zeigte Richtung Fernseher, der leise lief. Guck' dir die da an, Darts-Weltmeisterschaften! Was haben wir mit diesen Leuten dort zu schaffen? Sie werfen Pfeile auf Scheiben und das bedeutet ihnen alles.

Ach, alles, sagte meine Frau. Die haben auch Familie. Und warum guckst du dir das an? Es scheint auch dich zu interessieren.

Pah! rief ich. Beim Durchswitchen hängen geblieben! Netflix hat mich gelangweilt. Ich wollte wieder mal »Saving Private Ryan« mit Werbeunterbrechungen sehen, so wie früher, keine Serie, sondern einen einzigen Scheißfilm, den ich schon hundertmal gesehen habe, mit ganz viel Werbung, immer das Gleiche, verstehst du? Ich wollte immer das Gleiche, ich wollte ein Gefühl von – ich weiß es nicht genau.

Von gestern? fragte meine Frau.

Ich stöhnte. Jetzt versuchst du mich wieder als Nostalgiker abzustempeln!

Du bist ein Nostalgiker, sagte sie. Und das ist das Dümmste, was man zurzeit sein kann. Früher war gar nichts besser! Wann kapierst du das endlich? Der amerikanische Freund! Das gute Essen! Die tolle Autoindustrie! Der schöne Flug von Berlin nach Köln! Die warmherzigen Russen! Die unoriginellen Chinesen! Die schwarzen Schafe in der Kirche! Die ganze Kirche ist ein schwarzes Monster! Das wird vielen jetzt bewusst. Das ist ein Anfang. Jetzt könnte vieles besser werden!

Sag' das dem militärisch-industriellen Komplex! rief ich verärgert. Richte deine Botschaften bitte an die richtigen Leute, ich bin das falsche Ziel! Ich möchte keine Waffen produzieren, ich will die Umwelt nicht zerstören und die Wale durch meine Strahlen und Signale in den Wahnsinn treiben! Ich möchte nur ausdrücken, was ich fühle, und das schaffe ich nicht.

Was fühlst du denn? fragte meine Frau.

Ich lachte. Wenn ich das in ein, zwei Sätzen sagen würde, das wäre keine Kunst! Und ich bin Künstler! Und ich bin altmodisch und nachhaltig. Ich brauche für meine Kunst nur einen Kuli und ein Stück Papier. Ein Kuli ist auch Plastik, sagte meine Frau. Vielleicht solltest du es mal mit Lyrik versuchen, dann verbrauchst du nicht so viel Papier.

Das geht nicht, sagte ich. Lyriker ist man oder nicht. Das kann sich niemand aussuchen. Zum Lyriker ist man geboren, das bin ich nicht.

So ist das also, sagte meine Frau leicht spöttisch.

Ich wusste, dass sie auch dem Spezialistentum sehr kritisch gegenüberstand und viele Experten für Fachidioten hielt. Bei diesem Thema konnte sie schnell aufbrausend werden. Es hing mit ihrer eigenen Krankengeschichte zusammen, da wollte ich nichts Falsches sagen

Ach, sagte ich deshalb, vielleicht versuch's ich trotzdem mal! Ein schlechtes Gedicht mehr oder weniger, was macht das schon bei dieser Masse von Gedichten, die Tag für Tag geschrieben werden.

Eben, sagte meine Frau. Das Leben in der Masse nimmt dem Einzelnen die Last, sich alleine ertragen zu müssen.

Ich nickte und gab ihr einen Kuss, nein, nein. Ich küsste sie und nickte dann erst, ich war ein wenig durcheinander. Ich dachte über ihren Satz sehr lange nach und fand ihn nach zwei Tagen falsch.

Also

Ich möchte jetzt mal sagen,
dass ich mich gut mit mir verstehe.
Und dass, wenn ich mir vorm Spiegel
in die Augen sehe
und meinen Namen nenne,
so ein Gefühl entsteht,
als würde ich mich kennen.
Bleibe ich aber stumm
und sehe mich sehr lange an,
kann es sein, dass ich irgendwann denke:
Was ist denn das für ein Mann?

Giganten

In einem sehr weit entfernten Pseudo-Paralleluniversum waren sich Dieter Bohlen und Marc Bolan beim Angeln begegnet. Sie saßen zufällig nebeneinander und weil die Fische ihre Köder stundenlang komplett ignorierten, fragte Marc Bolan, ob sie nicht ein Lied zusammen singen sollten?

Ja, klar, rief Dieter Bohlen. Welches denn?

Such' dir eins aus, sagte Marc Bolan.

Und weil beide schulterlanges, weißgraues Haar hatten, sagte der Deutsche: Ich hab' Ehrfurcht vor schneeweißen Haaren.

Was bedeutet das? fragte der Engländer.

Dieter Bohlen überlegte. Ihm fiel das englische Wort für Ehrfurcht nicht ein. Er dachte: Scheiß' drauf! Und sagte: I like old people.

Und die Melodie? fragte Marc Bolan.

Irgendwie! rief Dieter Bohlen. Einfach improvisieren! Er legte los. Marc Bolan stieg routiniert ein und es klang unglaublich wild und leicht gestört. Sie hatten großen Spaß.

Nach einer Stunde hatten sie sich völlig verausgabt. Sie lagen ausgestreckt nebeneinander im Sand der Kiesgrube und schauten auf das Wasser.

Viele Fische waren durch den Gesang angelockt in Ufernähe geschwommen und sahen die beiden alten Männer an.

Macht ihr das öfter? fragte ein junger Hecht.

Nein, sagte Dieter Bohlen. Gerade zum ersten Mal.

Nicht schlecht, sagte der Hecht. Seid ihr Free-Jazzer?

Nein, sagte Dieter Bohlen. Wir sind Popgiganten.

Du auch? wunderte Marc Bolan sich. Der Deutsche erzählte, wer er war.

Tut mir leid, sagte der Engländer. Ich bin zu jung gestorben.

Ja, die Besten sterben jung! rief Dieter Bohlen. Da fiel ihm auf, dass sie doch beide lebten. Marc Bolan lebte! Er war superalt, wie er selbst, aber er lebte.

Du lebst, sagte Dieter Bohlen.

Und Marc Bolan fragte nur: Oh, really?

Kontinental

Rosa Luxemburg und Rosa von Praunheim wandern durch die Sächsische Schweiz. Sie tragen Gummistiefel und Regencapes, es regnet.

Ich liebe solche Regenwanderungen, sagt Rosa Luxemburg. Da fühle ich mich so losgelöst von allem.

Ich weiß, was du meinst, sagt Rosa von Praunheim. Man muss auch mal privat sein und nicht immer an die Menschheit denken.

Ja, ja genau, ruft Rosa Luxemburg. Diese Scheiß-Menschheit! Die kriegt ja nichts gebacken, aber wir machen uns die ganze Zeit verrückt! Wir opfern unsere beste Energie und sie rennt ins Verderben!

Rosa von Praunheim nickt. Da ist was dran!

Wir überlegen hin und her, sagt Rosa Luxemburg, wir kämpfen wie die Blöden und legen uns mit den größten Drecksäcken an. Und was passiert? Es kommen immer mehr Drecksäcke und wir sind tot.

Da ist was dran, sagt Rosa von Praunheim.

Vielleicht sollten wir uns auch einen schönen Lenz machen, wie diese Oligarchen, sagt Rosa Luxemburg, und uns nur noch um unseren eigenen Arsch kümmern.

Da ist was dran, sagt Rosa von Praunheim

Rosa Luxemburg sieht ihn an. Bist du ein Roboter?

Da ist was dran, sagt Rosa von Praunheim.

Die beide lachen.

Ach, ich liebe die Natur! ruft Rosa Luxemburg. Das Moos, die Farne, die Brombeeren, die Bäume, die Lärchen und die Birken und die Vögel. In der freien Natur könnte ich vor Freude ausrasten und nackt durch die Gegend hüpfen.

Ich auch, sagt Rosa von Praunheim.

Siehst du dort drüben die Lichtung mit den vielen Schlüsselblumen? Komm, wir ziehen uns aus und hüpfen wie die Fußballer vor der Fankurve.

Nein, sagt Rosa Luxemburg, auf keinen Fall! Ich möchte frei herumhüpfen und nicht wie diese Fußballspieler. Die müssen das im Training üben.

Meinst du wirklich? fragt der Filmemacher.

Das ist gespielte Freude, sagt Rosa Luxemburg. Es ist grotesk: Junge Millionäre hüpfen vor gewaltbereiten Fanatikern herum.

Das gehört zu ihrem Job, sagt Rosa von Praunheim. Ich wusste gar nicht, dass du dich für Fußball interessierst.

Ein toller Sport, ruft Rosa Luxemburg. Stabhochsprung ist auch toll und Kugelstoßen auch, aber Fußball ist das Beste. Diese Verbindung von Körper und Geist in einem Team gegen ein anderes. Diese Athletik! Und alleine schon der Ball! So ein tolles Ding! So rund wie die Gestirne und so schwer beherrschbar.

Ich muss keinen Ball beherrschen, sagt Rosa von Praunheim. Immer dieses Beherrschen: Sein Metier, sein Instrument, sein Handwerk! Sollen die Bälle doch rollen, wohin sie wollen!

Das meinst du nicht ernst, oder? fragt Rosa Luxemburg. Etwas zu beherrschen ist nichts Schlechtes. Das ist genauso mit der Macht. Hast du keine, kannst du nichts ausrichten. Und wenn du dein Instrument nicht beherrscht, ist das nur Stümperei! Du kannst nicht einfach sagen, das sei freie Kunst. Hast du noch nie über solche Sachen nachgedacht? Wer würde sich denn heute noch an Pelé oder Maradona erinnern, wenn sie technisch nicht perfekt gewesen wären? Du bist mir ja einer!

Fußball hat mich nie so interessiert, sagt Rosa von Praunheim. Das ist ein verschissenes Geschäft. Ich hätte so gerne ein paar von diesen Jungs geoutet, aber das hätte ihre Karriere zerstört. Das Showgeschäft ist netter. Also, ziehen wir uns jetzt aus?

Nein, sagt Rosa Luxemburg. Jetzt bin ich müde. Wir legen uns jetzt hinter diesen Findling und machen ein Nickerchen.

Ich kann nicht schlafen, sagt der Filmemacher.

Dann schaust du eben in die Wolken, sagt die resolute Frau. Sie sind schön weiß und riesig!

Nein, sagt Rosa von Praunheim. Es regnet und der Himmel ist gleichmäßig grau. Ich weiß wirklich nicht, in was für einer Welt du lebst!

Ich auch nicht! ruft die hinkende Frau. Aber wenn du so weiterredest, kriegst du ein Maul wie ein Schabrackentapir! Sie bleibt vor einer Pfütze stehen und sieht sich an. Ich bin so dunkel, flüstert sie.

Rosa von Praunheim stellt sich neben sie und legt den Kopf auf ihren. Siehst du, sagt er, wir sind ein dunkler Kontinent.

Umtrunk am 1. Advent

Ich spende nichts, sagt Linn, als es ums Ahrtal geht. Diese Leute haben sich nie für die Umwelt interessiert, fürs Wetter ja, die Wetterkarte, für Sven Plöger, oder wie der heißt, aber doch nicht fürs Klima! Die haben Holz verheizt und Gas und Öl und ihre Vorgärten mit Folien und Pflastersteinen versiegelt, die fahren ihre SUVs und jetzt sind sie die Armen! Die echten Armen sind doch ganz wo anders! Die kennen den Begriff Versicherung und Altersvorsorge und Hohe Kante gar nicht. Nee, hör mir auf mit denen. Ich spende nichts!

Du bist so herzlos, sagt Karla. Die können doch auch nichts dafür, dass die Natur verrückt spielt. Wer hat das denn geahnt?

Die nicht, sagt Linn. Die hatten andere Probleme, ich weiß! Hatten die immer schon! Für die war auch Atomkraft ok. Gern auch in der Nähe. Schafft ja Arbeitsplätze!

Du bist so zynisch! sagt Eberhard. Seitdem Rolf dich verlassen hat, bist du unfassbar hart geworden.

Ich war auch vorher schon hart, sagt Linn.

Und Rolf ist so ein weicher Typ, sagt Angela.

Vor allem untenrum, sagt Linn. Die anderen sagen nichts. Ralf macht noch eine Flasche auf.

Den Leuten muss auf jeden Fall geholfen werden, sagt er. Das ist ein Fall für Solidarität, wir sind ein Volk, da lässt man keinen hängen.

Die sind das Volk, nicht ich, sagt Linn.

Du auch, sagt Angela. Wir alle sind das Volk.

Auch die Flüchtlinge? fragt Karla.

Geflüchtete, sagt Angela. Kennst du die neuen Wörter nicht!

Na gut, sagt Karla. Geflüchtete. Die können ja noch nicht das Volk sein, wenn sie gar kein Deutsch sprechen. Oder reicht das schon, wenn sie hier leben?

Wer die deutsche Staatsbürgerschaft besitzt, gehört zum Volk, sagt Eberhard. Er sieht Linn an. Also gehörst du auch dazu, meine Liebe. Da kann sich niemand so einfach ausklinken!

Ich bin nicht deine Liebe! ruft Linn. Immer dieses von oben herab! Als Beamter bist du noch lange nicht etwas Besseres!

Ach, endlich kommt's mal raus, ruft Eberhard. Das habe ich immer schon gespürt, sogar bei Rolf, diesen unterschwelligen Neid!

Ach was! ruft Linn. Wer will denn einen Job beim Katasteramt? Das ist ja wohl das Letzte! Das klingt ja schon wie Katastrophe und kastriert!

Du hast zu viel getrunken, sagt Angela. Ralf bringt dich jetzt nach Hause.

Nein, sagt Linn. Ich bin nicht nüchtern, das ist wahr. Vielleicht kann ich auch nicht mehr stehen. Aber ich bin sehr klar im Kopf! Und ich hasse diese Entschuldigungsscheiße, Entschuldigung. Ich wollte sagen: Entschuldigungskultur! Wenn einer eine andere Meinung hat, muss das sofort entschuldigt werden: Du bist nicht Bayern-München-Fan? Ach so! Aus Köln. Aus Gelsenkirchen. Zweimal sitzengeblieben! Und dann die Weißwurstallergie! Ostdeutsche finden Putin gut. Na, klar! Die tausend Jahre DDR, das ganze Stasizeug! Ich bin nicht so, weil ich betrunken bin oder weil Rolf mich verlassen hat, was auch nicht stimmt. Ich hab' ihn rausgeschmissen! So sieht's aus! Aber ich erzähle euch keine Details, ihr verdammten mittelmäßigen, neugierigen Arschgeigen! Ich bin diskret. Ich rede auch nicht über Spenden. Das tut man nicht. Man spendet und basta.

Niemand interessiert sich für die Details eurer Trennung, sagt Eberhard. Da hast du ein völlig falsches Bild von uns. Da war viel Mitgefühl im Spiel und keine Neugier. Aber denk' doch, was du willst. Wir helfen, wo wir können.

Linn steht auf und geht zur Tür. Ich schau' da schon genauer hin, ihr Wischiwaschispender! lallt sie. Ich geb' das Geld den DHL-Leuten, die mir die Pakete bringen. Die sind mir wichtiger! Schlaft gut, ihr Lieben!

Glauben

Ich glaube, es wird regnen.
Du glaubst nicht daran.
Du kennst den Wetterbericht.
Es fängt zu regnen an.

Der Eine glaubt dies,
die Andere das,
manche glauben nichts, kurzum:
Der Herr ist auferstanden!
Rufen die Christen.
Ein Gottloser fragt: Warum?

Bruder und Schwester

Es gibt ja diese Leute, die im Fernsehen zu ernsten Themen etwas sagen sollen und dann die meiste Zeit ganz selig grinsen, weil sie sich im Grunde einen Ast abfreuen, in dieser Talkshow zu sitzen, sagt Sönke.

Na, und? fragt Ronja.

Ich mein' ja nur, meint Sönke, die Eitelkeit ist schon ein Punkt.

Ach, du mit deinen Punkten, ruft Ronja. Am Ballermann tritt jetzt jemand auf, der nennt sich Emil von Katar, der verkleidet sich als Scheich und singt so Sachen wie: Ihr wollt Spaß? Ich hab' das Gas! Und wer heizen will, muss freundlich sein!

Sönke lacht.

Das findest du gut? ruft Ronja. Wenn Leute sich über so ernste Themen lustig machen?

Humor ist immer gut, sagt Sönke. Und jetzt Schluss mit dem Gequatsche!

Das musst du sagen! ruft Ronja. Du bist der geborene Schwätzer und jetzt auf einmal soll damit Schluss sein, nur weil dir der Hals wehtut! Ich rede so viel, wie ich will! Und dass du positiv bist, liegt ja auch nur an deiner Schwätzerei und eurem Fußballstammtisch!

Sönke winkt ab.

Fußballspielen ist ja ok, sagt Ronja. Aber stundenlang darüber reden? Bist du dazu auf die Welt gekommen?

Es macht uns glücklich, sagt Sönke. So. Jetzt sag' ich gar nichts mehr. Ich muss mich schonen.

Es macht mich glücklich! äfft Ronja ihn nach. Fressen,

saufen, ficken. Das macht dich glücklich! Du bist süchtig nach Glück. Aber Leben ist mehr als Glück! Es gibt auch Aufgaben! Was tust du gegen das Elend in der Welt? Was tust du für das Klima? Das Leben ist auch Kampf, du Waschlappen! Mein Kampf, dein Kampf, unser Kampf! Hast keine Frau und keine Familie, nur die liebe Amelie. Das hab' ich noch im Ohr, als du mir das erzählt hast damals: Da hab' ich einen Bock geschossen! Du hattest besoffen ein Kind gezeugt und jetzt ist aus dem Bock eine tolle junge Frau geworden, die dich sogar besucht und dir Enkel schenkt, obwohl du nichts dazu beigetragen hast, dass sie so ein prima Mensch geworden ist, bis auf die Samenzelle natürlich.

Sönke nimmt einen Papierumschlag aus dem Papiermüll und schreibt mit Kuli: Karola wollte mich nicht sehen!

Zurecht, ruft Ronja. Weil zwei Wochen später schon die nächste von dir schwanger wurde! Sie hat es abgetrieben.

Ronja schaut auf ihre Hände und schließt kurz die Augen. Manche kriegen eben Kinder und manche keine, sagt sie leise. Es klingelt. Ronja macht auf.

Hallo Ronja! Ist Sönke da?

Komm' rein, sagt Ronja. Er ist positiv. Setz' besser eine Maske auf!

Max setzt eine FFP2-Maske auf und Ronja muss lachen. Sie sieht aus wie eine Hundeschnauze. Wo gibt's die denn?

In Polen, sagt Max.

Sönke kann nicht sprechen, sagt Ronja. Kaffee?

Ein Bier wär' mir lieber, meint Max. Wird ja schon dunkel!

Ronja öffnet zwei Flaschen Bier.

Prost! Na, warst du wieder Hunde retten?

Max nickt. Nicht nur Hunde! Ich habe auch einen Igel gerettet und fünf Hühner!

Ronja schüttelt ihre dunkelblonden Locken. Wie kommt man nur auf die Idee, Tiere aus der Ukraine zu retten? Du bist verrückt!

Für mich sind Tiere genauso wichtig wie Menschen, sagt Max. Sönke lacht und fasst sich an den Hals.

Tat weh? fragt Ronja. Gut so!

Ich finde diese Tierliebe auch übertrieben, aber der Max, der tut was. Das ist ein Kämpfer!

Max lächelt fast verlegen. Es gibt solche und solche. Es gibt Kämpfer und Krieger und es gibt die, die lieber reden oder schreiben.

Sag' ich doch! ruft Ronja. Die reden stundenlang über Fußball! Die reden über alles. Auch über den Krieg und das Gas und die Amerikaner und die Chinesen und und und! Da sind mir Kämpfer zehnmal lieber!

Ich könnte mir ein Leben ohne Kampf gar nicht vorstellen, sagt Max. Der ist doch das Salz in der Suppe!

Ronja lächelt irritiert. Wie kommst du denn jetzt auf Suppe? Hast du Hunger?

Nein, nein, ruft Max. So spät esse ich nicht mehr. Ich bin kein Italiener.

Sönke steht auf und holt Kesselchips und Schweineohren.

Und was glaubst du? fragt Ronja. Wie lange wird dieser Krieg noch dauern?

Ich sag' euch was, sagt Max: Irgendwann werden der amerikanische und der russische Präsident den Friedensnobelpreis kriegen, weil sie den Krieg beendet haben.

Das wird dann nicht mehr Putin sein, sagt Ronja.

Nein, sagt Max. Putin wird bald sterben, er sieht jetzt schon krank aus.

Dein Wort in Gottes Ohren! ruft Ronja.

Noch eins?

Klar, sagt Max.

Du auch? fragt sie in Richtung Sönke. Er schüttelt seinen Kopf.

Kein Geschmack? fragt Max. Er nickt.

Ronja holt die nächsten Flaschen. Ich fand Kämpfer immer gut, auch schon als Kind, sagt sie. Deshalb bin ich auch nicht religiös. Der Jesus war mir zu langweilig. Immer diese Gleichnisse! Als er die Händler aus dem Tempel warf, das fand ich cool! Doch dann lässt er sich sang- und klanglos kreuzigen, das fand ich jämmerlich.

Er hat halt mehr mit Worten und Wundern gekämpft, sagt Max. So wie Selenski. Kann auch nicht jeder.

Ja, von mir aus, sagt Ronja. Aber echte Kämpfer sind doch ganz was anderes, ich meine dieses Körperliche, das ist ja auch erotisch. Das finde ich auch am Fußball gut, diese gesunde Härte und diese schnellen Bewegungen.

Ja, sagt Max, die Bewegungen sind wichtig, das musst du können. Dazu brauchst du Talent und Übung.

Wie überall, sagt Ronja. Du kannst ja auch Karate!

Weißt du, ich bin ja auch ein großer Boxfan und ich hatte einmal einen Traum: Da war Muhammad Ali in Vietnam und hat komplett versagt, ich weiß das nicht mehr ganz genau, aber er saß da unter einer nackten Palme und hat geweint.

So was hast du geträumt? fragt Sönke.

Ronja nickt. Ich glaube als Kämpfer muss man kämpfen können und als Krieger muss man Spaß am Töten haben.

Ich wusste gar nicht, sagt Max, dass du dir solche Gedanken machst.

Auch erst in letzter Zeit, erwidert Ronja. Das Militärische hat mich früher nicht so interessiert, aber jetzt ist es ja wieder modern.

Schon lange, sagt Max. Das fing' doch schon mit den Jugoslawien-Kriegen an, das immer mehr Camouflage-Klamotten trugen. Hast du das nicht mitgekriegt?

Ronja nickt. Ja, doch. Jetzt, wo du es sagst.

Manche sehen eben gern gefährlich aus, sagt Max. Militärlook, Kampfhund.

Und diese Leopardenoptik stirbt ja auch nicht aus, sagt Ronja.

Ja, ja! ruft Max. Auch Frauen wollen gefährlich aussehen! Ist sexy!

Sönke schreibt etwas auf den Briefumschlag: Gefahr ist sexy!

Ja, sagt Ronja und sieht ihren Bruder mitleidig an. Du schreibst nur auf, was wir gerade schon gesagt haben! Sie mag ihn, aber sie hat nie überwunden, dass er Muttis Liebling war. Sie konnte der Mutter nie etwas recht machen, aber ihren Bruder hatte sie bis zuletzt geliebt, diesen Nichtsnutz! Diesen Höhlenforscher! Ohne das Erbe wäre er vor die Hunde gegangen.

Ich muss los, sagt Max. Noch eine Runde mit dem Donbas skypen.

Ok, sagt Ronja. Ich bring' dich noch zur Tür!

Max umarmt Sönke. Mach's gut, Alter!

Und an der Tür flüstert er Ronja ins Ohr: Sei bitte nett zu deinem Bruder. Er ist mein bester Freund und niemand hat sich selbst gemacht.

Du bist zu gut für diese Welt, sagt Ronja und sieht ihm nach. Wie aufrecht er geht, denkt sie und schließt die Tür.

Zugabe

Alle Pferde haben rote Augen, die rotieren.
Sie fressen Klatschmohn aus Tupperware-Dosen,
die auch rotieren. Du wolltest verkommene
Söldner malen. Doch die sehen aus wie
grimmige Wikinger! Du solltest eine
Umschulung zum Pipelineschützer machen!
Die Krähe auf dem Autodach macht keine Kratzer.
Karate, Edelsteine und die Liebe auf Hawai.
Sagst du mir bitte noch mal deinen Namen?
Lars Brückentag! Aha.
Wie war die Frage?
Gibt es weiße Eier von schwarzen Hühnern?

Die Arthurs

Arthur Schopenhauer und Arthur Rimbaud spielen auf einer Wiese Blinde Kuh. Zwei echte Kühe sehen zu.

Dass ein Kind so etwas tut, kann ich ja noch verstehen, sagt die eine Kuh, aber dieser alte Narr! Kann kaum noch gehen, aber muss noch einen auf jugendlich machen!

Die andere Kuh sagt nichts. Sie macht sich nie Gedanken, das gibt ihr nichts.

Da fällt Schopenhauer hin. Rimbaud erschrickt. Opa! Hast du dir etwas gebrochen? Den Oberschenkelhals vielleicht?

Nenn' mich nicht immer Opa, schimpft Schopenhauer. Wir sind nicht verwandt. Ich bin ok. Komm'! Hilf mir auf! Wir spielen jetzt noch eine Runde, dann fahren wir heim!

Er bindet dem Jungen das schwarze Tuch um den Kopf, dreht ihn einige Male um seine Achse und versteckt sich hinter eine der beiden Kühe.

Hey! ruft die Kuh. Wir spielen nicht mit! Wir wollen nicht begrappscht werden.

Ach je, flüstert Schopenhauer. Ihr lasst euch melken, aber wenn ein Kind euch anfasst, stellt ihr euch an!

In unserer Freizeit möchten wir nicht von Menschen angefasst werden, ist das klar? sagt die andere Kuh.

Schon klar, flüstert der Philosoph. Seid still und verratet mich nicht!

Hey Junge! ruft die Kuh. Komm' her! Der alte Sack steht hinter uns!

Der Junge nimmt die Binde ab und sagt: Ihr seid so doofe Spielverderber! Ich hatte euer Gemaule längst gehört und lasst euch das gesagt sein: Ihr habt nie Freizeit! Alles, was ihr tut, dient dazu, dem Bauern zu liefern, was er braucht. Ihr habt von Freizeit und Freiheit keine Ahnung!

Genau! ruft der Philosoph. Der Junge sagt es.

Er kneift der einen Kuh kräftig ins Euter. Sie muht vor Schmerz und will den Alten auf die Hörner nehmen, doch der Junge hatte ihr schon die Augen verbunden. Orientierungslos rennt sie durch die Wiese, während die andere das Navi spielt: Jetzt nach links, nach rechts, nach links…

Die beiden Menschen sind durch den Stacheldraht gestiegen und stehen an der Straße.

Macht's gut, ihr beiden! ruft der Philosoph.

Mach' mir wenigstens die Binde ab! bittet die blinde Kuh. Die andere dirigiert sie an den Zaun und Arthur Rimbaud löst den superfesten Knoten.

Danke, sagt die Kuh. Wenn ihr mal wieder in der Nähe seid, kommt doch auf ein Glas Milch vorbei. Wir trinken lieber Schnaps und Bier, ruft der junge Dichter.

Du bist doch höchstens fünf! ruft die Kuh. Der Alkohol wird dein Gehirn ruinieren!

Er ist frühreif, sagt der Alte. Und er wird früh sterben, er hat nicht alle Zeit der Welt wie ihr. Macht's gut!

Diese Menschen! seufzt die Kuh. Schlagen die besten Dinge aus, nur um sich zu berauschen!

Ich kann's verstehen, sagt die andere. Ich hatte mal einen Rausch, war geil!

Da sind die beiden Menschen schon auf ihre Fahrräder gestiegen. Sie radeln in das Abendrot und der milde Herbstwind zerzaust ihre Haare genau so, wie es auf den berühmten Fotos von ihnen zu sehen ist.

Geflügel

Drei Hühner und ein Hahn stehen unter einer gelben Trauerweide. Es regnet.

Es wird kälter, sagt der Hahn. Der Winter geht mir jetzt schon auf den Sack.

Die Hühner kichern. Du hast doch gar keinen Sack, gackert das Perlhuhn.

Ich fick' dich! ruft der Hahn. Sei still!

Fick' mich doch, fick' mich doch! ruft das Perlhuhn und trippelt auf der Stelle.

Eigentlich schön, dass es regnet, findet das größte Huhn. Der Sommer war so trocken, ich habe schon ewig keinen Regenwurm gegessen.

Es geht auch ohne Fleisch, meint das zweitgrößte Huhn. Es heißt Conny.

Ja, es geht sehr gut ohne Fleisch, stimmt ihm das größte Huhn zu. Aber als ich den Frosch getötet habe, habt ihr alle zugelangt!

Ich habe ihn getötet, sagt der Hahn.

Du hast ihn gejagt, erwidert das größte Huhn, dass keinen Namen hat.

Ich habe ihn erlegt. Ich habe ihn zu Tode gehetzt, sagt der Hahn. Er war schon tot, als du dazu kamst!

Hört auf zu streiten! ruft das Perlhuhn. Er hat uns allen gut geschmeckt, das ist doch die Hauptsache. Aber ich selbst hätte ihn nicht getötet. Das könnte ich nie!

Oh, doch! ruft der Hahn. Das könntest du! Wenn es ewig nicht regnet und alles vor Trockenheit staubt und dann kommt so ein saftiger Frosch vorbei …

Eher würde ich verhungern, als einen Frosch zu ermorden! ruft das Perlhuhn. Schön doof! sagt Conny. Das kann ich gar nicht anders sagen.

Guckt mal! ruft das größte Huhn. Ein Regenwurm! Er kommt direkt auf uns zu!

Tach! sagt der Regenwurm. Bin ich hier richtig auf der Wiese zum Heiligen Herzen?

Zum was? fragt der Hahn. Auf der Wiese zum Heiligen Herzen, wiederholt der Regenwurm. Er fängt zu singen an: Mein Herz jauchzt dir, oh großer Herrscher zu! Wie groß bist du, wie groß bist du! Das Geflügel sieht sich an.

Haltet ihn fest! befiehlt der Hahn. Conny hebt den Regenwurm auf. Er singt schon wieder: Ich fühl' mich aufgehoben hier. Aber ich will noch näher, oh Gott, zu dir!

Textest du diese Lieder selbst? fragt das Perlhuhn. Der Regenwurm nickt vorne und hinten. Ich platze vor Kreativität! Wie findet ihr die Melodien?

Gut, sagen die Hühner. Besser als Taylor Swift.

Den kenn' ich gar nicht, sagt der Regenwurm. Ist das denn nun die Wiese?

Was willst du denn da? fragt der Hahn.

Die Sintflut hat angefangen, sagt der Regenwurm. Und die Schlangen der letzten Tage treffen sich dort zum Frohlocken, aus purer Freude über das bevorstehende Ende des menschlichen Zeitalters.

Wahnsinn! ruft das Perlhuhn. Die Religion ist echt der Wahnsinn! Das ist ein ganz normaler Herbstregen, du Hysteriker! Ich will die Hälfte! ruft der Hahn.

Vorsicht, sagt das größte Huhn. Ich habe mal einen religiösen Regenwurm gegessen und Durchfall bekommen. Sie sind giftig. Ach was! ruft Conny und schluckt den Regenwurm hinunter. Hey! ruft der Hahn.

Ich habe ihn zuerst gesehen, sagt Conny. Und jetzt kannst du mich ficken.

In der Nacht

Ich bin vom Aufzug
wach geworden.
Da fuhr noch jemand
auf und ab,
wahrscheinlich ohne Mund- und Nasenschutz,
nur um sich frei zu fühlen.

Was so alles geschieht, No 311

Zwei Pilze wollten die Welt retten und eine Eiche machte sich gleich lustig über sie: Wollt ihr einen Schutzschirm aufspannen? frotzelte sie. Und wisst ihr auch schon über wem? Wollt ihr Rettungspakete schnüren und noch mehr Sanktionen gegen Russland verhängen?

Die Pilze wunderten sich über die aggressive Eiche. Was hast du gegen uns? Wir haben dir nichts getan.

Was seid ihr überhaupt für Pilze? fragte die Eiche. Die Pilze schwiegen.

Hach! rief die Eiche. Ihr wisst nicht mal, wer ihr seid und wollt die Welt retten!

Wir sind Gummipilze! riefen die Pilze. Und wir wollen die Schweiz vernichten! Wir hassen Banken und Berge und komische Sprachen!

Klingt sympathisch! brummte die Eiche. Habt ihr denn einen Plan?

Na, klar! riefen die Pilze. Wir gehen morgen hin und fangen an. Womit? fragte die Eiche. Mit dem Zersetzen, sagten die Pilze. Wir können alles zersetzen, alles.

Auch Heringssalat und Profisportler? fragte die Eiche.

Wir könnten auch die Pieta von Michelangelo zersetzen oder das Pentagon, riefen die Pilze, oder Eurowings.

Aber keine Kakerlaken, sagte die Eiche. Die schafft ihr nicht!

Deine Meinung ist uns egal, riefen die Gummipilze. Wir brechen morgen auf!

Gleich nach dem Frühstück begegneten sie einem ausrangierten Eurofighter und schlugen ihm vor, zur Ballon-Fiesta nach Albuquerque zu fliegen.

Ich kann nicht, sagte der Eurofighter. Sie haben mich ausgeschlachtet. So werde ich wenigstens als Ersatzteile weiter existieren.

Langweiler, riefen die Gummipilze und fingen an, ihn zu zersetzen. Es klappte nicht. Sie bekamen Lampenfieber. So ein Blödsinn, dachten beide. Wir haben keinen Auftritt und bekommen Lampenfieber!

Ein Alpaka sprach sie an: Könnt ihr mich bitte zersetzen, ich habe solchen Liebeskummer!

Die Gummipilze versuchten es jetzt rein mental, ohne anhauchen. Das Alpaka löste sich zügig auf, sie waren mächtig stolz.

Als sie allerdings den Kölner Dom zersetzen wollten, passierte nichts. Sie wollten den WDR zersetzen, wieder nichts. Auch der Rhein floss einfach weiter. Nicht einmal einer leeren Kölschflasche konnten sie etwas anhaben, nicht mal einem braunen Lindenblatt.

Die beiden waren sehr enttäuscht und der eine Gummipilz meinte: Vielleicht können wir nur Alpakas zersetzen. Ja, vielleicht, sagte der andere.

Hey! rief die Bierflasche, die den beiden zugehört hatte, warum seid ihr so enttäuscht? Alpakas zersetzen kann auch nicht jeder! Freut euch doch!

Die Gummipilze weinten. Wir hatten große Dinge vor, schluchzten sie perfekt synchron.

Wir wollten in den Donbas und Russen zersetzen, wir wollten nach Syrien Assad zersetzen. Wir wollten Katar und Saudi-Arabien zersetzen!

Hört auf! rief die Flasche. Ihr seid ja größenwahnsinnig! Aber ihr seid Gummipilze, die Alpakas zersetzen können. Ihr seid etwas ganz Besonderes!

Da wurden die Pilze von Sinnlosigkeit geschüttelt und quetschten sich in die Flasche. Die fiel vor Freude um und rollte in den Rhein. Sie tanzte auf den Wellen und sang: Jetzt bin ich wieder voll, mir ging's noch nie so gut!

Warum singst du nicht »toll«? fragte ein Schweinswal. Das würde sich reimen.

Mich interessieren Reime nicht, erklärte die Flasche. Ich sage, wie es ist. Und toll ging's mir noch nie!

Ganz schön nüchtern für eine Bierflasche, dachte der Wal und rief: Du bist realitätsvernarrt, pass' auf, dass du nicht scheiterst!

Ich kann nicht scheitern, rief die Flasche. Ich habe keine Ziele!

Der Schweinswal überlegte, ob man auch ohne Ziele scheitern kann. Und als er glaubte, die Antwort zu wissen, war die Flasche schon weit weg, weil er stromaufwärts schwamm.

Putin und Pu

Pu, der Bär, und Vladimir Putin saßen an einem Fluss in der Ukraine auf einem alten Holzboot, das kieloben verwitterte.

Sie hatten beide richtig lange Bärte, und wer sie da so sitzen sah, hätte sie für Propheten halten können.

Was macht du denn beruflich? fragte Pu, der Bär.

Du kennst mich nicht? fragte Putin verwundert. Ich bin Vladimir Putin, der Präsident von Russland.

Na, mit dem Bart! rief Pu, der Bär. Ich bitte dich! Mit dem Bart hätte ich auch Königin Elisabeth die Zweite nicht erkannt! Gott hab' sie selig!

Ja, von mir aus, sagte Putin.

Ach, der bist du, rief Pu. Von dir hört man nichts Gutes!

Westliche Propaganda, sagte der Präsident. Du darfst nicht alles glauben!

Aber du hast einen brutalen Angriffskrieg gegen die Ukraine begonnen! ruft Pu. Das kannst du nicht bestreiten!

Ach, sagt Putin. Ich hätte auch lieber einen netten Verteidigungskrieg geführt, aber es ging nicht. Diese Ukrainer sind von den Amerikanern bezahlt und angestachelt worden. Sie wurden frech, sie brauchten was aufs Maul!

Pu schluckt. Puh! Warst du schon immer so aggressiv?

Nein, sagt Vladimir Putin. Ich war ein ganz normaler Petersburger Junge, gewalttätig und schüchtern. Ich war so schüchtern, dass ich am liebsten alles geheim gemacht hätte. Deshalb bin ich ja auch zum Geheimdienst gegangen.

Aha, sagt Pu, der Bär. Hast du denn nichts Richtiges gelernt?

Kämpfen, sagt der Präsident. Boxen, Sambo, Judo. Ich habe den schwarzen Gürtel.

Toll! sagt Pu. Kämpfen und tanzen! Das ist eine tolle Kombination!

Was meinst du? fragt Putin. Wieso denn tanzen?

Na, Sambo! sagt Pu. Ist das nicht die männliche Form von Samba?

Putin lacht. Du dummer Bär! Sambo ist eine Mischung aus Ringen und Judo, das hat mit Tanzen nichts zu tun!

Schade, sagt Pu. Ich finde Tanzen toll.

Bist du ein Tanzbär? fragt der Präsident.

Nein, nein! ruft Pu. Ich bin komplett unsportlich und hüftsteif und ich bin auch nicht mehr der Jüngste! Denkst du noch nicht ans Aufhören?

Womit aufhören? fragt Vladimir Putin.

Na, sagt Pu, mit dem Präsident sein. Ist doch anstrengend, oder?

Ich habe noch einiges vor, sagt Putin. Das kannst du mir glauben!

Glaub' ich! ruft Pu, der Bär. Willst du Zar werden?

Zar? fragt Putin lächelnd.

Zar, sagt Pu.

Ist gar keine schlechte Idee, sagt der Präsident. Pu lacht.

Das hab' ich jetzt nicht ernst gemeint, sagt er verschmitzt.

Was ernst ist und was nicht, bestimme ich, sagt Vladimir Putin. Du bist von jetzt an ein russischer Bär!

Das wüsst' ich aber! ruft Pu, und pupst dem Präsidenten ins Gesicht. Er ist vom amerikanischen Geheimdienst in der Nacht zuvor im Tiefschlaf mit einem Giftgas befüllt worden. Putin soll am Gas ersticken. Doch durch das

Botox im Gesicht ist der Präsident geschützt. Es verbindet sich mit dem Gas und entweicht blitzschnell. Der Präsident überlebt, ist aber stark gealtert.

Warum pupst du mich an? fragt er den Bären.

Ich bin kein Russe! ruft der Bär. Und ich will auch keiner sein!

Schon gut, sagt Putin. Wir haben genug Bären. Geh' heim!

Ja, geh' du auch heim! ruft Pu, der Bär. Geh' heim!

Hörst du? fragt Putin. Wir beiden könnten ein Geheimdienst sein!

Aber nur, wenn wir deutsch sprechen! ruft Pu. Er ist schon ganz weit weg.

Private Nacht

Wenn wir die Augen schließen,
sehen wir Dunkelheit.
Wir sehen schwarz und nichts als Schwärze,
wir sehen nicht mehr weit.
Wir sehen aus nächster Nähe
die Finsternis der Nacht.
Sie ist nicht für alle da,
aber selbstgemacht.

Wie die Schlangenhautschwanzmäuse zu ihrem Namen kamen

Ein Mäusemann hatte seiner Frau eine schöne Scheide für ihren Schwanz gestrickt, aber die Mäusefrau schlug ihm den rosa Schlauch um die Ohren. Was soll ich denn damit? Mich vor meinen Freundinnen blamieren? Was bist du nur für ein Waschlappen!
Aber Liebling, flüsterte der Mäuserich komplett enttäuscht. Ich habe es doch nur gutgemeint! Diese verdammte Kälte macht dir doch so oft zu schaffen, da dachte ich ...
Hör' auf! rief die Mäusin. Das Denken solltest du den Ratten überlassen, die haben größere Köpfe!
Der Mann hob den Schwanzwärmer vom Boden auf und sah ihn traurig an. Und was soll ich jetzt damit machen?
Von mir aus schenk' ihn einer Blindschleiche!, rief die Frau. Ich zieh' sowas nicht an. Diese gestrickte Scheiße mochte ich noch nie! Wenn es etwas Glänzendes in Leopardenfell-Optik wäre oder sogar echtes Schlangenleder, ja, da wär' ich ausgeflippt! Dann hätten wir zwei Tage ficken können und tanzen, aber so?
Zwei Tage? fragte der Mann. Ja! rief die Mäusin. Oder vier oder fünf! Das ist doch jetzt egal! Wir hätten uns auch einen Traktor oder Monstertruck klauen und nach Las Vegas knattern oder etwas noch Geileres tun können, da wär uns schon was eingefallen!
Ja, ganz bestimmt, flüsterte der Mann. Er warf den

Wärmer in den Müll und ging betrübt in die diesige Nacht hinaus.

Wo willst du hin? fragte die Frau.

Einen Leoparden suchen, murmelte der Mäusemann. Den mache ich dann fertig, du wirst staunen!

Ja, mach' mal! rief die Mäusin und lief zu ihren Kindern.

In der Nähe des Flussufers fand der Mäuserich eine tote Anaconda, die an Altersschwäche gestorben war. Er biss ein schönes Stück Haut ab, schneiderte seiner Frau daraus einen neuen Schwanzwärmer und gab ihn ihr: Hier! Hält zwar nicht so warm wie der Gestrickte, aber schicker ist er zweifellos!

Hast du die Schlange extra für mich getötet? Der Mäuserich nickte. Ich habe sie erwürgt!

Von da an trug die Mäusefrau den Schwanzwärmer ununterbrochen. Ihre Freundinnen wurden neidisch und schickten ihre Männer auf die Jagd. Auch sie bedienten sich bei der toten Anaconda und spielten die Helden. So kamen die Schlangenhautschwanzmäuse zu ihrem seltsamen Namen. Und irgendwann war die Anacondahaut alle und die Mäuse mussten wieder mit ihren nackten Schwänzchen vorliebnehmen. Und die Menschen mit ihren großen Köpfen vergaßen, warum sie den Mäusen diesen Namen gegeben hatten.

Am Beckenrand

Donald Duck und Donald Trump vergleichen ihre nackten Füße. Trump findet seine hässlicher.

Kommt jetzt dein wahres Wesen zum Vorschein? fragt Donald Duck. Hast du Minderwertigkeitskomplexe?

Ach, Unsinn! ruft Donald Trump. Immer dieses Gequalle vom wahren Wesen, sobald sich etwas vermeintlich Negatives offenbart! Ich finde deine Füße objektiv schöner: Die Form, die Farbe, die Schwimmhäute!

Ich hätte gerne schwarze Füße, sagt Donald Duck.

Wie Neger? fragt Trump.

Nein, wie schwarze Reitstiefel, sagt Donald Duck, bis zu den Knien.

Trump lacht und springt ins Wasser, mit dem blonden Kopf nach vorn.

So ist es

Anhand der Buntstiftlängen kann ich sehen,
welche Farben ich am häufigsten benutze:
1. Platz: Gelb 2. Rot 3. Schwarz
Dabei konnte ich als Kind Gelb gar nicht leiden.
Soll es mehr Sonne in mein Leben bringen?
Und Rot? Noch mehr Herzblut?
Ja! Und Schwarz?
Wegen der Traurigkeit, wegen des Todes?
Nein, nein.
Nur wegen der Konturen!

Am Ufer

Was hast du gerade gedacht? fragt Gloria ihre Freundin Dani.

Dass ich Russland und die Ukraine eklig finde. Ich finde, es sollte beide Länder gar nicht geben.

Finde ich auch, sagt Gloria. Die versauen uns mit ihrem blöden Krieg die ganze Stimmung. Warum hört das nicht auf?

Jeder will gewinnen, sagt Dani. Aber täglich verlieren viele Menschen ihr Leben und ihre Heimat.

Aber wenn es Russland nicht gäbe, hätten wir auch Helene Fischer nicht, wendet Dunja ein. Alles hat seine zwei Seiten.

Die 3 Frauen schauen auf den Fluss.

Dass da auch keiner etwas machen kann! ruft Dani. Das ist doch nicht zu glauben! Da fängt so ein Krieg an und keiner kann ihn stoppen. Ich versteh' das nicht! Warum sagen denn die Franzosen oder die Amerikaner nicht: Putin, pass auf! Morgen gibts Atomraketen auf Moskau und Petersburg! Raus aus der Ukraine!

Und wenn er's dann nicht macht? fragt Dunja. Da stehen die dann dumm da. Will doch niemand einen Atomkrieg riskieren!

Aber Putin hat doch auch damit gedroht! ruft Gloria.

Ja, Russland ist eben eklig, sagt Dani. Da hat mal ein Künstler seinen Hodensack auf der Straße festgenagelt.

Wie soll das denn gehen? fragt Gloria. Die Straße ist doch viel zu hart, da gehen keine Nägel rein. Stahlnägel, sagt Dani. Ich hab's gesehen, ich schwör's. Und wie die Russen saufen!

Ja, eklig! ruft Dunja. Die möchte niemand haben. Niemand möchte von solchen Säufern beherrscht werden! Aber wenn die Ukrainer sagen würden: Hier, habt ihr das Land. Unser Leben ist uns wichtiger. Und die Ukraine ist auch ohne Krim und Donbas und wie das da so heißt, noch immer groß genug.

Das sagen die nie, sagt Dani. Das ist doch deren Heimat! Wir würden ja auch nicht einfach, sagen wir mal, Bayern China geben.

Ich schon, sagt Dunja. Ja, du als Dortmundfan, sagt Gloria. Aber den meisten Deutschen ginge das zu weit.

China will Bayern gar nicht, sagt Dani.

War doch nur ein Beispiel! ruft Gloria. Kein Land will von einem anderen Land beherrscht werden, auch kleine Länder nicht.

Nee, sagt Dunja. Aber die wollen beschützt werden.

Kein Land will von Säufern beschützt werden, sagt Gloria. Auch nicht das Klitzekleinste! Was hat man denn davon? Die saufen ja nur.

Wenn Beschützer Wohlstand bringen, das ist mega! ruft Dunja. Ja, genau, sagt Dani. Wenn dich ein reicher Mann beschützt, das ... hatte ich noch nie.

Du bist ja auch kein Land, sagt Gloria. Die USA beschützen uns und viele andere Länder auch.

Und warum haben sie die Ukraine nicht beschützt? fragt Dunja. Die wussten doch, was Putin vorhat.

Die haben sicher andere Sorgen, meint Gloria. Die müssen sich ja auch um China kümmern. Die werden immer aggressiver. Stellt euch einmal vor, jetzt käme dieser chinesische Präsident aus dem Wasser und wollte uns heiraten, uns alle drei!

Was du dir vorstellst! ruft Dani. Ich finde auch China eklig. Ich würde den nie heiraten. Ich auch nicht, sagt Dunja. Kommt, wir gehen woanders hin.

Der Existenzarzt, No 2

Sie würden also sagen, fasst Dr. Florian zusammen: Sie haben ein übertrieben starkes Bedürfnis, andere zu mögen.

Genau, stimmt Ursula ihm zu. Es ist wirklich schlimm. Sogar bei Leuten, die ich überhaupt nicht mag, habe ich dieses Verlangen oder Bedürfnis, ich weiß gar nicht, wie man's nennt.

Ja, schlimm, sagt Dr. Florian. Das quält sie, ich verstehe. Da kann ich leider gar nichts machen. Bei so einer eingefleischten Harmoniesucht ist das aussichtslos.

Ach wirklich? fragt Ursula enttäuscht. Da können sie nichts machen? Sie sind doch vom Fach!

Der Existenzarzt lacht. Ihr Kranken denkt immer: Ach, der Arzt! Der macht das schon! Der hat so viel erlebt und gelernt! Ja, Pustekuchen! Ihr habt ja keine Ahnung, wie komplex das Seelenleben ist! Und wenn sich da etwas über Jahrzehnte zusammengebraut hat, was glauben sie denn, wie schnell sie sowas lösen? Ach, was sage ich! Wie schnell sich sowas erklären oder durchschauen lässt? Oft ist das gar nicht möglich. Verstehen sie, was ich sagen will?

Ursula schluckt.

Ich weiß nicht. Die Menschen sind doch alle gleich, die haben doch oft ähnliche Probleme. Und sie mit ihrer Erfahrung …

Erfahrung! ruft Dr. Florian. D'rauf geschissen! Jeder Mensch ist anders! Was dem einen hilft, kann den anderen vernichten! Hören sie: Vernichten!

Was soll ich denn jetzt tun? fragt Ursula. Ich bin doch

hilflos. Ich wäre nicht zu ihnen gekommen, wenn ich nicht so hilflos wäre.

Das ist schön, sagt Dr. Florian. Manche kommen zu mir, um mich vollzuquatschen oder um mich anzuschweigen, je nachdem.

Vielleicht sind sie auch hilflos, wendet Ursula ein.

Nein, sagt Dr. Florian. Die haben Partner, die sich kümmern, die haben Kinder, Freunde, alles, sogar Geliebte und langjährige Geschäftspartner, zu denen sie heimliche, perverse Beziehungen unterhalten. Aber zu wem kommen sie? Zu mir! Ich kenne diese Leute gar nicht. Ich frage sie dann dies und das, und wenn sie nett sind, ok! Aber oft schmeiß' ich sie sofort raus!

Ich habe niemand, sagt Ursula. Ich bin eine ganz arme Maus!

Wie bitte? fragt der Existenzarzt. Soll' ich jetzt auch noch ihre Zärtlichkeitsdefizite behandeln? Haben sie keinen Hund?

Nein, sagt Ursula. Ich bin eine arme Maus. Ganz objektiv ist das ganz sicher so.

Der Existenzarzt lacht. Na, na! Für eine Maus sind sie ganz schön …

Er überlegt.

Sagen sie ruhig fett, sagt Ursula. Das ist die Wahrheit. Ich bin eine arme fette Maus!

Jetzt reicht's! ruft Dr. Florian. Gehen sie jetzt, bitte!

Haben sie nicht wenigstens einen klitzekleinen Rat für mich? Ursula lässt zwischen Daumen und Zeigefinger ihrer Rechten nur Platz für ein Pfennigbaumblatt.

Ach, je! seufzt Dr. Florian. Was soll ich sagen?

Irgendetwas! bettelt Ursula. Irgendirgendetwas, bitte!

Machen sie das Beste draus, sagt Dr. Florian. Hören sie auf, sich gegen ihre übermächtigen Gefühle aufzulehnen. Versuchen sie, ihr Bedürfnis oder Verlangen oder nennen sie es, wie sie wollen, als allumfassende, totale Liebe zu begreifen und leben sie diese Liebe hemmungslos aus.

Manche Tiere hasse ich, entgegnet Ursula.

Dann lassen wir die Scheißtiere jetzt mal außen vor! ruft Dr. Florian. Leben sie ihre Menschenliebe aus! Geben sie sich ihr hin, lieben sie bis zur völligen Erschöpfung, knutschen sie ein Bild von Erdogan, von Bolsonaro, von wem auch immer, dann sehen sie ja, wohin das führt!

Ganz schön wurschtig, sagt Ursula.

Sie sind ja auch keine Veganerin, ruft Dr. Florian. Und jetzt raus, sie arme Maus! Er schiebt sie aus der Tür und merkt, was er vergessen hat: den Flachmann nachzufüllen.

Mensch und Ding

Der Fliesenleger nimmt die Fliese,
er sieht sie nicht mal an.
Er denkt auch nicht: Wie etwas
nur so glatt sein kann?

Nun hängt die Fliese da,
sie spiegelt sein Gesicht.
Sie ist ein Teil der Welt wie er,
nur leben tut sie nicht.

Er nimmt die nächste Fliese
und schon hängt sie daneben.
Wo die Fliesen hingehören,
bleiben sie lange kleben.

Im neuen Atelier

Jedenfalls kannst du nicht sagen: Mir ist das alles zu blöd. Ich interessiere mich ab jetzt nur noch für gesundes Essen und Rugby!

Sage ich ja gar nicht, entgegnete der Kunstmaler Ralf. Wie findest du das Bild?

Gar nicht schlecht, sagte sein alter Freund Egon, der seinen richtigen Beruf noch nicht gefunden hatte, aber schon Rentner war.

Diese violetten Sterne allerdings sind mir zu dunkel! Sie müssten mehr strahlen, findest du nicht?

Ach, du immer mit deinem Strahlen! stöhnte Ralf. Es geht doch ums Ganze! Wenn die Sterne zu sehr strahlen, lenken sie vom eigentlichen Thema ab. Das Bild heißt ja nicht: Lauschige Nacht am Hafen.

Sondern? fragt Egon.

Das erste Flüssiggas kommt an, sagt Ralf.

Egon lacht. Na, schreib' den Titel mal besser ins Bild, sonst gibt es Missverständnisse.

Ja, Missverständnisse … murmelt Ralf und blickt auf den Boden. Ich bin von Missverständnissen umzingelt. Sie sind die Indianer meines Lebens!

Vorsicht, ruft Egon. Mit diesen Indianern muss man mittlerweile ganz schön aufpassen! Da wird einem leicht was angehängt.

Ralf verzieht das Gesicht. Die Indianer waren doch von Anfang an ein Missverständnis. Sonst hießen die Inder nicht Inder.

Findest du nicht, fragt Egon, dass es in deinem Alter an

der Zeit wäre, die vielen Missverständnisse aus der Welt zu schaffen? Vielleicht lebt es sich dann leichter.

Vielleicht hätte ich ohne diese Missverständnisse keine Lust mehr zu leben, sagt Ralf. Du bist so grundlos optimistisch!

Lass' mich, sagt Egon. Jeder hat so seine Art, nicht zu verzagen.

Klar, lass' ich dich! ruft Ralf. Ich bin doch kein Diktator! Aber manchmal habe ich schon gedacht, ich wäre vielleicht ein besserer Diktator als ein Maler geworden. Wie Hitler.

Aber Hitler war kein guter Diktator, sagt Egon. Er war ein Idiot. Er hat Deutschland und die Welt ins Verderben gestürzt.

Ralf nickt. Einen guten Diktator kann es nicht geben, sagt er dann. Wer Diktator werden will, ist krank!

Egon zuckt mit den Achseln.

Ich weiß nicht. Stell' dir vor, einer von uns beiden wäre Diktator. Und wir könnten all das befehlen, was wir schon immer wollten: Sofortige harte Klimamaßnahmen, sofortige Umverteilung des gesellschaftlichen Reichtums von oben nach unten, viel Geld für die Bildung, Schluss mit Massentierhaltung etc. Wär' doch gut!

Sie würden dich sofort ermorden, sagt Ralf. Die Amis oder wer auch immer. Du wärst ganz schnell tot. Auch ein Diktator kommt nicht aus dem Nichts, der muss schon gewollt sein. Und die Mächtigen müssen sich Vorteile von dir versprechen. Sonst wirst du vergiftet. Also, Diktator wäre nichts für mich!

Für dich war ja noch nie was richtig, stichelt Ralf. So hätte ich nicht leben können, so ohne Leidenschaft!

Egon lacht. Ach, Alter! Ich war leidenschaftlich nichts, das geht! Das nennt man Lebenskünstler. Hast du das vergessen? Für einen Künstler bist du ganz schön ernst, um nicht zu sagen seriös. Das ist nicht gut! Ein guter Künstler muss auch ein Scharlatan sein. Glaubst du denn tatsächlich, in hundert Jahren steht noch jemand staunend oder ehrfürchtig vor einem Picasso? Die Leute lachen sich kaputt, dass das mal große Kunst war. Und Picasso wusste das. Er hat nicht ohne Grund wie ein Wahnsinniger produziert. Er wusste, das System ist wahnsinnig. Die Reichen brauchen Futter für ihre Eitelkeiten. Er hat sich angepasst und das geliefert, was die Zeit verlangte: Etwas Neues.

Bla bla bla, sagt Ralf. Ich weiß, dass du Picasso langweilig findest.

Vergeudetes Talent! ruft Egon. Ralf lächelt. Selbst hast du in deinem Leben nichts gebacken gekriegt, aber über Genies urteilen, das maßt du dir an!

Ich war immerhin nicht so ein getriebenes Tier wie Picasso, sagt Egon, und es gibt kein Bild von ihm, was ich gerne gemalt hätte.

Auch nicht das Mädchen mit der Taube? fragt Ralf.

Diesen Kitsch erst recht nicht! ruft Egon. Was traust du mir zu?

Im Prinzip alles, sagt Ralf. Ich weiß, dass du ein kaltblütiger Killer sein könntest und dass du die meisten Menschen verachtest. Und dennoch tust du so, als läge dir das Schicksal der Menschheit am Herzen. Warum bist du nicht ehrlich? Warum sagst du nicht: Sie sollen zur Hölle fahren!?

Egon setzt sich gerade hin. Weil es die Menschen nicht gibt. Es gibt solche und solche.

Aber mehr solche, sagt Ralf. Du lügst dir in die Tasche!

Jetzt beschießen sie Asteroiden, sagt Egon.

Die Menschen schießen eben gerne, sagt Ralf. Sie mögen Kollisionen: Im Weltall. Im Teilchenbeschleuniger. Auch beim Sport lieben sie die Gewalt. Und den Krieg halten sie für die Mutter des Fortschritts. Den Vater, sagt Egon. Es heißt: Der Krieg.

Edvard Krieg, sagt Ralf. Wenn der Krieg einen Vornamen bräuchte, könnte er Edvard nehmen. Klingt gut: Edvard Krieg.

Du solltest wieder Menschen malen, sagt Egon. Seestücke sind so unpersönlich. Und Häfen erst recht.

Achtsamkeit

Wenn wir etwas machen,
sind wir konzentriert.
Wir achten auf die Sachen
und sehen was passiert.

Wir achten auf die Menschen
und sie achten auf uns.
Wir achten auf die Tiere
und wenn ein Tier grunzt,

ist es ein Schwein, na klar!
Bald werden wir es schlachten.
Und jetzt geht es ihm gut,
weil wir auf alles achten.

Buddha revisited

Einige dumme Vagabunden hatten Buddha an seiner Badestelle überfallen. Da er keine Wertsachen bei sich hatte, wollten sie ihn demütigen. Sie kniffen ihn so lange in den Bauch, bis er weinte. Dann urinierten sie in seine Ohren und zogen missmutig weiter. Buddha stieg ins Wasser und wusch sich gründlich mit Grünkernseife. Er setzte sich ans Ufer und sah einer großen, weißen Wolke zu, die majestätisch vorüberzog. Sie hatte die Form der Allianz-Arena in München und Buddha lobte die Schönheit der Welt. Doch sein Bauch tat ihm immer noch weh! Die roten Flecken würden sicherlich grün und blau werden! Als Amerikaner hätte ich garantiert eine Waffe unterm Handtuch gehabt, dachte Buddha. Dann läge dieses Pack jetzt tot im Staub, so wie sie es verdient hätten!

Oho! zwitscherte die Amsel Ladybird, die Gedanken lesen und sie auch kritisieren konnte. Dann hättest du jetzt fünf Menschenleben auf dem Gewissen. Könntest du dann noch ruhig schlafen? Ich meine: Sie haben dich schließlich nur in deinen fetten Bauch gekniffen!

Sie haben mich gedemütigt! rief Buddha.

Aber sie haben dich nicht zusammengeschlagen oder vergewaltigt, entgegnete die Amsel. Sie haben dir nicht mal in die Eier getreten!

Vielleicht sollte ich ihnen nachlaufen, um mich zu bedanken! spottete Buddha. Du hast ja keine Ahnung! Ich hatte solche Angst!

Und was, wenn du nach den Schüssen nie mehr glücklich werden könntest? fragte die Amsel.

Buddha sah sie böse an. Verpiss dich! rief er. Ich könnte schlafen wie ein Stein! Da bin ich mir ganz sicher! Da zwitscherte die Amsel noch einige unverständliche Sätze, einfach so. Sie hatte das Interesse an Buddha verloren.

Als der zuhause ankam, sah er auf die Uhr und beklagte sich sofort bei Gott: Die Zeit vergeht zu schnell!

Du musst langsamer atmen, sagte Gott.

Mach' ich schon immer, erwiderte Buddha. Seit meiner Geburt atme ich extrem langsam. Das hat schon meine Mutter und die Hebamme verrückt gemacht!

Dann weiß ich auch nicht, meinte Gott.

Sie nennen dich allwissend! rief Buddha. Ich bin enttäuscht von dir!

Dein Problem, sagte Gott und schraubte weiter an einer riesigen Rakete.

Was soll das werden? fragte Buddha.

Ein mobiler Dom, antwortete Gott. Die Gläubigen sollen auch mal etwas Neues haben. Auf allen Gebieten gibt es die irrsten Innovationen, aber die Dome sind so unbeweglich wie immer schon. Und das will ich ändern!

Solltest du dich nicht lieber um Menschen in Not kümmern, als dich von Milliardären inspirieren zu lassen? rief Buddha empört. Viele Geflüchtete brauchen Hilfe!

Es sind größtenteils Moslems, erklärte Gott. Für die bin ich nicht zuständig, das muss Allah machen!

Ach, so! sagte Buddha. Ich dachte immer, ihr seid ein Gott: Allah, Jehova und du.

Und Manitu, rief Gott, der gerne reimte.

Er lachte Buddha aus.

Das müsst ihr Menschen machen! sagte er beiläufig. Ihr könnt das. Ich habe euch alles Nötige gegeben: Mitleid, Nächstenliebe, Hilfsbereitschaft. Menschen in Not langweilen mich, sorry! Misery sucks! Ich habe Besseres zu tun!

Aber sie glauben an dich! rief Buddha. Sie hoffen auf deine Hilfe!

Ach, komm! Du weißt so gut wie ich, dass ich noch nie einem Menschen in Not geholfen habe, nicht einmal meinem Sohn. Ich bin kein Mediziner oder Rettungssanitäter und auch kein Wunderheiler. Ich habe viele Arbeitsplätze und imposante Gebäude erschaffen, der Rest ist Illusion. Jetzt lass' mich bitte hier in Ruhe weiter schrauben.

Buddha schwieg. Er fand Gottes Einstellung eklig und war froh, noch nie an ihn geglaubt zu haben. Er blickte auf die Uhr. Schon wieder war die Zeit so schnell vergangen! Er sah Gott noch ein paar Sekunden angewidert beim Werkeln zu und wollte auf einen Schmetterling spucken, den sie Schachbrett nennen, verfehlte ihn jedoch. Dann fing er ihn und aß ihn, um von seiner Leichtigkeit zu profitieren.

Sei nicht so neidisch auf leichte Wesen! rief seine Schwester Moni, die in der Nähe bügelte.

Oh, Schwester, stöhnte Buddha. Was kann ich denn dagegen tun?

Abnehmen, sagte Moni. Wenn du selbst leichter bist, brauchst du andere nicht zu beneiden. Aber es könnte dich deine Stabilität kosten. Leichte Wesen haben dieses Flatterhafte, das bist du nicht! Du ruhst so schön in dir! Warum bist du nicht zufrieden? Man kann nicht alles haben, hast du das vergessen? Bist du dement?

Da schämte Buddha sich, denn er hatte es tatsächlich vergessen.

Die Schwester reichte Buddha eine von den Erbsen, die sie vorhin aus den Schoten gepult hatte. Sieh' dir die mal an! Sie ist perfekt! Aber willst du so rund sein?

Nein, sagte Buddha. Er bedankte sich bei seiner Schwester und rannte über 1000 Meter, so schnell es ging, weil er nicht anders konnte.

Anders

Jean-Paul Belmondo und Papst Johannes Paul der Zweite sitzen auf einem himmlischen Mäuerchen und spucken sich gegenseitig Blut vor die Füße. Es ist kein echtes Blut.

Sie tun nur einem dummen, jungen Engel, der gerne gruselige Kurzfilme dreht, diesen Gefallen. Im Himmel sind die Menschen eben anders als auf Erden.

Am Teich

Die Frösche sprangen in den Teich, als Ahab sich näherte.

Hey, Frösche! rief der alte Mann. Seid nicht so ängstlich, ich tue euch nichts!

Wir haben von dir gehört, quakten die Frösche mit einer Stimme. Du bist gefährlich für Tiere und Menschen.

Ach, immer dieses Halbwissen! schimpfte Ahab. Immer diese Irrtümer und Missverständnisse! Ich bin nicht der berüchtigte Kapitän, der den weißen Wal jagte. Man nennt mich Ahab, weil ich mit Nachnamen Abramovic heiße, wie der weltberühmte Oligarch. Es ist ein Spitzname, den mir meine Mitschüler einst in der Schule verpassten. Ich habe ihn mir nicht ausgesucht. Habt ihr keine Spitznamen?

Doch! riefen die Frösche. Wir heißen alle Porzellan.

Ahab lachte.

Ihr habt alle den gleichen Spitznamen? Und dann auch noch so einen seltsamen! Wie geht das denn?

Keine Ahnung! quakten die Frösche. Wir können nicht alles erklären, das kann niemand!

Sprecht ihr immer mit einer Stimme? fragte Ahab.

Ja, quakten die Frösche. Wir sind Solidarfrösche, wir können gar nicht anders.

Ich würde euch gerne mal ganz sehen, sagte Ahab. Setzt euch doch bitte wieder ans Ufer.

Wir sind nackt, quakten die Frösche.

Ihr seid immer nackt, sagte Ahab. Wo ist das Problem?

Du bist angezogen, quakten die Frösche. Wenn du uns nackt sehen willst, musst du dich auch ausziehen.

Ahab sah sich um. Kein Mensch zu sehen! Es war noch sehr früh am Morgen und recht frisch.

Hört mal! rief er. Es ist noch recht frisch, ich könnte mich erkälten. Wollt ihr das?

Nein, quakten die Frösche. Wir wollen nicht, dass du krank wirst und / oder stirbst.

Habt ihr wirklich und / oder gesagt? fragte Ahab.

Ja, quakten die Frösche. Wir mögen es genau!

Aha, sagte Ahab. Und jetzt?

Wir nackt und du angezogen – das läuft nicht! quakten die Frösche. Lass' wenigstens deine Geschlechtsteile aus der Hose hängen, dann erkältest du dich nicht.

Ich soll hier am Teich meine Genitalien zeigen? fragte Ahab. Seid ihr noch ganz dicht?

Oho! quakten die Frösche. Wir sollen uns splitternackt auf die Steine setzen und du schaust komplett angezogen zu? Vergiss es! Ahab überlegte: Waren Frösche immer schon so? Was ist? quakten die Frösche. Bist du verklemmt?

Nein, sagte Ahab. Aber ich lasse mich zu nichts zwingen. Und ich habe nicht das geringste Bedürfnis, hier am Teich für euch eine Sexshow abzuziehen! Sexshow, quakten die Frösche. Sexshow ist ein großes Wort!

Außerdem weiß ich, wie ihr aussieht, sagte Ahab. Dafür muss ich gar nichts tun. Ich hätte es einfach schöner gefunden, mit euch ganz angstfrei und ungezwungen zu sprechen. Dieses elende Misstrauen zwischen den Geschöpfen ist doch überholt! Wir sitzen alle im gleichen Boot.

Boot? fragten die Frösche. Was ist das denn?

Ihr wisst nicht, was ein Boot ist? wunderte Ahab sich. Ihr wisst, was eine Sexshow, aber nicht was ein Boot ist?

Die Frösche tauchten unter. Sie hatten plötzlich genug von dem dämlichen Gequatsche.

Hey, Frösche! wollte Ahab rufen. Er ließ es aber sein, weil jemand kam und guten Morgen sagte.

Jazzlied 4

Beim Versuch, ein Meer zu gründen,
sind wir in das Getreidezimmer
eines wirklichen Despoten eingebrochen.
Es hätte böse enden können.
Es hätte alles enden können.
Nun liegen Schatten riesiger, reifer Früchte hier.
Sollbruchstellen schimmern durch die Wolken.
Du denkst dir: das sind geile Tage!
Wir wollen keinen Maserati knacken!
Geht, Gesetzlose! Zieht uns nicht mit da rein!
Während ein kalter Wind durch unsere Herzen bläst,
suchst du ein Kleeblatt,
vom Nebel schon komplett durchnässt.
Sollen wir uns schonen?
Nein, jetzt noch nicht!
Und lasst euch nicht verwirren:
Der Beipackzettel ist das Butterbrotpapier.

Der Heilige

Hast du jemals etwas vom heiligen Riso gehört, dem Schutzheiligen der Humoristen? fragt Peter Paul. Die beiden Rentner sitzen auf der Bank am alten AKW unter einer alten Linde, deren Blätter schon braune Ränder haben.

Nee, sagt Paul. So ein Quatsch! Hat sich bestimmt jemand ausgedacht.

Soll im 3. Jahrhundert nach Christus gelebt haben und von einem römischen Metzger erschlagen worden sein, sagt Peter, weil er ihn angelächelt hatte.

Wo steht das? fragt Paul.

Im großen Buch der Heiligen, sagt Peter.

Paul sieht ihn mit großen Augen an. Sowas liest du?

Ich mag Biografien, sagt Peter. Und so'n bisschen Heiligkeit kann auch in unserer Zeit wohl kaum schaden.

Heiligkeit, sagt Paul. Was heißt das schon? Heil Hitler. Er lacht.

Das ist dein erster Gedanke bei diesem Begriff? fragt Peter. Das lässt ja tief blicken!

Das lässt gar nichts, sagt Paul leicht verärgert. Wir sind Deutsche, da liegt das nahe.

Peter schaut in den Himmel. Die Flugzeuge machen Kreuze, sagt er irgendwie verträumt.

Sie fliegen kreuz und quer, sagt Paul. Scheißdinger!

Hast du Flugangst? fragt Peter.

Nein, sagt Paul. Ich habe vor gar nichts Angst. Aber dieses Kerosin verpestet die Luft! Können die nicht mal etwas erfinden, was nicht krank macht?

Hättest ja selbst was erfinden können, sagt Peter. Sportler haben gut reden. Ein Ball, ein Tor, fertig.

Ich war eben gut, sagt Paul. Ich war ein toller Handballer, und Trainer sein, hat mir auch Spaß gemacht.

Ja, Spaß gemacht, sagt Peter. Dir hat immer alles Spaß gemacht, während andere sich über den Zustand unserer Gesellschaft und die Probleme der Welt den Kopf zerbrochen haben. Und viele sind daran verzweifelt!

Probleme, Probleme! ruft Paul. Wärst du etwas anderes als Sozialarbeiter geworden, hättest du auch nicht nur Probleme gesehen. Aber das Soziale war ja damals groß in Mode, als wir jung waren. Da bist du eben mitgelaufen.

Ich konnte gut mit Menschen, sagt Peter. Ich konnte vielen helfen! Paul winkt ab.

Ja, du Heiliger!

Heilige sind außerordentlich gute Menschen, sagt Peter. Das war ich bestimmt nicht.

Wer sagt das? fragt Paul. Das weiß ich, sagt Peter. Und meine Freunde und meine Kinder und meine beiden Exfrauen und viele andere wissen das auch.

Und was war so außergewöhnlich gut an diesem Riso? fragt Paul.

Er hatte immer gute Laune, sagt Peter. Das hat wohl nicht allen gefallen!

Ist ja auch nicht normal, sagt Paul. Wer hat schon immer gute Laune? Na, diese Heiligen hatten ja manchmal einen an der Waffel! Wie dieser Italiener, der mit den Tieren sprach.

Du meinst Franz von Assisi?

Ja, der. Findest du das normal? Mit Tieren sprechen?

Das machen viele, sagt Peter. Auch heute. Und der war sehr populär!

Paul lacht. Viele Wahnsinnige waren und sind populär!

Ach, Paul! Deine Negativität ist unproduktiv! Du hast wohl dein ganzes Leben nur an dich selbst geglaubt!

Ich, negativ? ruft Paul. Bloß weil ich den religiösen Humbug und den Problemfetischismus ablehne? Ich bin so optimistisch wie ich kann, wirf mir nichts Falsches vor! Was war denn der Riso von Beruf?

Rosenverkäufer, sagt Peter. Und wie ist es passiert, der Totschlag? Oder war es Mord? fragt Paul.

Der Metzger saß mit Freunden in der Kneipe, sagt Peter. Da kam der Riso mit den Rosen rein und hat ihn freundlich angelächelt. Der Metzger war schon angetrunken. Er hat den Riso umgehauen und der ist unglücklich auf den Hinterkopf geknallt, so war das.

Und dann? fragt Paul.

Der Metzger meinte: Die schwule Sau ist hin! Und dann haben die Rosen sich in Kampfhunde verwandelt und den Metzger aufgefressen.

Ach, hör auf! ruft Paul. Du erzählst mir einen vom Pferd!

Steht in dem Buch, sagt Peter. Paul überlegt.

Heilige müssen auch Wunder tun, sagt er nach einer Weile. Hat der Papst die Kampfhundnummer als Wunder anerkannt? Peter nickt. Aber der Riso war doch sofort tot, fragt Paul. Oder?

Echte Heilige können auch tot Wunder vollbringen, sagt Peter.

Und wieso hat man von dem noch nie was gehört? fragt Paul.

Du hast dich für Heilige nie interessiert, sagt Peter. Du kanntest nur den einen, stimmt's?

Ach, Heilige! ruft Paul. Er schaut auf die Uhr. Gleich gibts Handball! Ich muss los! WM.

Gegen wen? fragt Peter.

Ägypten, sagt Paul. Bis morgen!

Die Wahrheit

Wie verträumt der See da liegt!
Wovon er wohl wieder träumt?
Oder bedauert er etwas?
Hat er irgendwas versäumt?

Was kann so ein See schon versäumen?
Oder fände er irgendwas besser?
Wäre er lieber ein Meer?
Oder ein fließendes Gewässer?

Das sind nur meine Gedanken!
Der See denkt nie daran.
Er träumt davon, eine Wüste zu sein,
weil die nie austrocknen kann.

Die Wege des Herrn

Der Lottomillionär Kai Brückentag hatte sich so sehr auf seine Lieblingstalkshow gefreut und dann fiel sie aus, weil alle Teilnehmer, auch seine Lieblingstalkmasterin, plötzlich im Studio gestorben waren. Sogar die Kameraleute und die Beleuchterinnen und die Redakteurinnen waren tot umgefallen, so ein Pech!

Kai wurde so traurig wie noch nie zuvor in seinem Leben und aus dieser abgrundtiefen Traurigkeit erwuchs ein Fluchtimpuls.

Er füllte seinen Rucksack mit Proviant und Hygieneartikeln und zog mitten in der Nacht in die Welt hinaus. Als er müde wurde, legte er sich unter einer Brücke einfach hin und ein entlaufener, professioneller Straftäter tötete ihn im Schlaf. Der war natürlich sauer, weil er keine Wertsachen fand.

Kais Leiche wurde am nächsten Tag von einer Rentnerin entdeckt, die zum ersten Mal nach dem Ableben ihres kleinen Lieblings, des uralten Corgis Charles, alleine Gassi ging. Zum Glück hatte Kai sein Testament bereits gemacht. Weil er keine Nachkommen hatte, ging sein gesamtes Vermögen an Ärzte ohne Grenzen. So fand diese traurige Geschichte doch noch ein gutes Ende.

Freundinnen

Die Greta ist jetzt FDP, sagt Irmgard. Die findet Atomkraftwerke auch gut.

Die ist für Sauberkeit, sagt Annegret, das ist ein prima Mädchen! Aber die ist doch Schwedin! Dürfen Schwedinnen denn einfach so FDP sein? Das ist doch eine deutsche Partei!

Die FDP ist international, sagt Irmgard. Das sind freie Demokraten. Da könnten auch die Ukrainer rein, wenn sie wollten. Aber wollen sie das? Haben sie das schon gefordert?

Woher soll ich das wissen? fragt Annegret. Bin ich Selenskyi?

Irmgard sieht aus dem Fenster. Die Pflanzen sind sehr schön, findest du nicht?

Ich fand den Swimmingpool schöner, meint Annegret.

Er war kaputt, sagt Irmgard. Ist doch besser so.

Ich hätte meinem Enkel nicht erlaubt, da Erde reinzutun und Haschisch zu züchten, das ist nicht in Ordnung.

Ich finde Schweine züchten schlimmer, entgegnet Irmgard. Das macht uns alle krank. Haschisch ist auch Medizin. Er ist ein guter Junge.

Ist er auch in der FDP? fragt Annegret. Vielleicht, sagt Irmgard. Er sagt mir auch nicht alles. Sie schweigen.

Wenn die Ukrainer in die FDP kommen, sind sie automatisch auch in der NATO und in der EU, sagt Annegret.

Irmgard nickt. Ich weiß es nicht. Man hört so viel. Jetzt sind auch wieder Wale gestrandet und verendet.

Die stinken, sagt Annegret. Die liegen auf den schönen Stränden, das ist widerlich.

Viele finden Wale toll, sagt Irmgard. Und auch ihre Gesänge. Die hören sich das an.

Singende Wale? wundert sich Annegret. Wer kann denn unter Wasser singen? Ich glaub' das alles nicht.

Vielleicht gibt es ja schon ein Unterwasserkonzert von André Rieu, sagt Irmgard. Der schafft die tollsten Sachen!

Das wüsste ich! ruft Annegret. Das wüsste ich!

Die von »Brisant« zeigen auch nicht alles, sagt Irmgard.

Wer kann schon alles zeigen, flüstert Annegret.

Aber warum sollten sie ein Unterwasserkonzert von André Rieu verheimlichen?

Hä?

Vielleicht wegen der Naturschützer. Die regen sich ja über alles auf! Nachher sagen sie, die Wale stranden wegen André Rieu.

Ja, ja, ruft Annegret. Die stranden aus Verzweiflung! Weil sie nicht so schön singen können, wie die Sopranistinnen und die Tenöre und die Chöre von André Rieu!

Die Frauen lachen.

Neidische Wale, flüstert Annegret. Das hat uns noch gefehlt! Zum Glück sind sie nicht aggressiv. Was glaubst du, wenn die so aggressiv wie Putin wären? Dann wären ja kein Tanker und kein Kreuzfahrtschiff mehr sicher!

Nein, nein, erwidert Irmgard. Die sind zum Glück stabil. Die sind aus dickem Stahl. Da würden sich die Viecher ihre dummen Birnen zerdeppern!

Aber die Segler, flüstert Annegret, die Jachten und die kleinen Boote und die Surfer und die Taucher!

Warum flüsterst du denn, fragt Irmgard. Willst du mit 88 noch Energie sparen?

Nein, flüstert Annegret. Aber ich möchte nicht, das mich jemand hört und mir was übel nimmt. Heutzutage

nehmen viele Menschen anderen was übel. Ich möchte friedlich sterben.
Das verstehe ich, flüstert Irmgard. Das will ich auch.

In aller Stille

Am Morgen wecken uns die Sonnenstrahlen.
Sie bringen Wand- und Deckenbilder
und bevor's noch wilder wird,
stehen wir auf und erblicken
die fruchtbaren Äcker, vom Nebel getränkt.
Sie sagen uns in aller Stille:
Wir waren noch nie ein Schlachtfeld.

Die Tanzenden

Keiner glaubt mir was! klagt der Hobby-Publizist Amadeus.

Weil du so weltfremd bist, sagt seine beste Freundin Hortensia. Du erzählst den Leuten irgendeinen Unsinn und beschäftigst dich mit Fragen, die keinen interessieren.

Zum Beispiel? unterbricht Amadeus.

Zum Beispiel, sagt Hortensia. Zum Beispiel, ob es im Tierreich Zungenküsse gibt.

Das interessiert sehr viele! ruft Amadeus. Du hast ja keine Ahnung von der Welt! Lass' uns ein Stündchen tanzen!

Aber ohne Musik! ruft Hortensia. Die stresst mich immer ungemein!

Sie fangen an zu tanzen, werden aber von einem Star gestört, der durch das offene Wohnzimmerfenster auf den Tisch geflogen ist. Habt ihr meine Frau gesehen?

Kann sein, sagt Amadeus. Er tanzt weiter. Ich habe in den letzten Tagen etliche Stare gesehen, aber ob das Männchen oder Weibchen waren, weiß ich nicht.

Meine Frau hat eine rote Schleife um den Hals, sagt der Star.

Nein, sagt Amadeus. Einen Vogel mit Schleife habe ich nicht gesehen.

Wieso denn Schleife? fragt Hortensia den Star.

Ach! ruft der Vogel. Das ist eine lange Geschichte. Kurz gesagt: Sie sollte ein Weihnachtsgeschenk sein. Auch Hortensia tanzt weiter.

Darf ich mit euch tanzen? fragt der Star.

Von mir aus, sagen beide.

Der Vogel fängt zu tanzen an. Sieht lässig aus, denkt Hortensia. Diese Vögel sind doch immer für eine Überraschung gut! Allerdings stören sie seine rhythmischen Ausrufe. Er kräht immer wieder Hukatschacka, Hukatschaka, weil er nach dem alten Lied »Hooked on a feeling« tanzt.

Entweder bist du sofort still! ruft Hortensia. Oder du fliegst raus!

Huch! ruft der Vogel. Du bist ja eine Tanztyrannin!

Ich mag keine Musik, erklärt ihm Hortensia. Und das ist meine Wohnung. Da landet ein zweiter Star auf dem Fensterbrett. Er hat eine rote Schleife um den Hals.

Kommst du jetzt bitte! ruft der Vogel ungeduldig. Wir müssten schon längst beim Meeting sein!

Ich komme, ruft der Vogelmann und zwitschert beim Hinausfliegen: War schön bei euch! Danke!

Na, höflich ist er wenigstens, sagt Hortensia.

Amadeus schüttelt sich. Dieser widerliche Lügner, sagt er leise beim Weitertanzen. Diese Lügner ekeln mich an! Er fand es überhaupt nicht schön bei uns. Er hat nur seine Frau gesucht oder er war hier mit ihr verabredet. Er hat mit uns die Zeit totgeschlagen! Dieser Widerling.

Über Vögel rege ich mich nicht auf, seufzt Hortensia. Die kommen und gehen, die werden ja nicht alt. Sie haben keine Macht und keinen Einfluss. Und wenn das mit dem Insektensterben so weiter geht, sind die meisten Vögel auch bald weg. Gut, dass Hühner nicht von Insekten abhängig sind! Ich liebe ihre Eier!

Ich auch! ruft Amadeus. Da sind wir uns so einig! Komm, wir tanzen jetzt wie Eier!

Wie rohe oder gekochte? fragt Hortensia. Das kannst du frei entscheiden, flüstert Amadeus und tanzt sofort so behutsam, dass seine Wahl schon klar ist.

Der Wolf und die 7 Geißlein

Ihr sollt nicht alles vollkritzeln, wenn ich weg bin! rief die alte Geiß und setzte sich ins Auto.

Sofort holten die Geißlein ihre Eddings raus und kritzelten alles voll, echt alles: Die Vorhänge, die Töpfe, die Uhren, die Tassen, die Vibratoren, die Briefmarkenalben, das Bettzeug, den Fußboden. Der Wolf kam rein.

Ihr kleinen Arschlöcher seid ja ganz schön kreativ! rief er.

Willst du uns fressen? fragte die jüngste Ziege.

Später, brummte der Wolf. Erst schau ich mir mal eure Zeichnungen an. Ganz schön versaut! rief er nach 1 Stunde. Ganz schön versaut!

Er drehte sich um. Die Ziegen waren weg. Der Förster kam rein und knallte ihn ab. Das war nicht erlaubt, aber der Förster war dement. Ständig vergaß er wichtige Sachen.

Er hörte ein Auto und verließ das Haus.

Hör mal, sagte er zur alten Geiß. Der Wolf war da, ich habe ihn abgeknallt. Ich hatte vergessen, dass es nicht erlaubt ist. Du darfst mich nicht verraten.

Scheiß Wölfe! ruft die Geiß. Den vergraben wir hinterm Haus und basta! Aber niemand darf was erfahren! rief der Förster. Sonst komm' ich in die Medien!

Wo sind die Kinder? fragt die Geiß. Hat er sie gefressen? Nein, sagt der Förster. Sie haben mich gerufen.

Ok, sagt die Geiß. Sie holt den Spaten aus dem Schuppen und der Förster hebt ganz hinten auf dem Grundstück vor der Brombeerhecke eine Grube aus. Die Geiß wirft mit spitzen Fingern den blutigen Kadaver rein, der Förster schaufelt zu und zusammen treten sie den Boden fest. Es sieht fast wie ein Tänzchen aus. Die Geiß wirft ganz viel Herbstlaub auf die Stelle. Fertig!

Willst du noch einen Schnaps?

Klaro, sagt der Förster. Er ist trockener Alkoholiker, das weiß die Geiß. Sie ist ein Aas. Sie möchte ihn verführen.

Die Geiß schaut sich die Kritzeleien an. Ganz schön versaut, bemerkt der Förster. Das Internet! ruft die Geiß, einen Tick zu theatralisch. Was soll ich machen?

Die 7 Geißlein kommen rein. Wo ist der Wolf?

Weg, sagt die Mutter. Der Förster hat ihn vertrieben. Warum seid ihr so schwer erziehbar? Ihr habt schon wieder alles vollgekritzelt!

Ach, Mutter! ruft das älteste Geißlein. Immer wenn wir kreativ sind, meckerst du rum! Das ist auch unser Zuhause! Und ich will Designerin werden. Du bist so altmodisch!

Na gut, sagt die Mutter. Ihr Mann kommt rein. Was ist hier los? Säufst Du wie früher mit dem Förster?

Ach, Guido! ruft die Geiß. Lässt du dich auch mal wieder blicken! Wo warst du denn solange?

In Köln, sagt Guido. Ich habe dort als Maskottchen gearbeitet.

Maskottchen? fragen alle. Was ist das denn?

Eine Art Künstler oder Popstar, sagt Guido.

Hattest du denn einen Künstlernamen? fragt der Förster.

Hennes, sagt der Ziegenbock. Die Kinder schmiegen sich an ihn. Oh, Papilein! säuseln sie. Wir lieben deine Geschichten!

Siehst du, sagt die alte Geiß zum Förster. Das Künstlerische haben sie von ihm. Geht raus und spielt ein Stündchen Fußball.

Ja, Papa! rufen die Geißlein! Wir holen den Ball.

Habt ihr denn überhaupt Tore? fragt der Ziegenbock.

Ja, rufen die Geißlein. Die haben wir mit Leuchtkreide auf die Garagenwand gemalt.

Sie gehen raus. Nebeneinander? fragt der Ziegenbock. Zwei Tore nebeneinander?

Geht ja nicht anders, sagt das älteste Geißlein. Wir haben ja nur eine Garagenwand. Gut, sagt der Ziegenbock. Ich geh' ins rechte!

Nightlife

Wir sind nachts noch einmal raus,
der Hund musste.
Wir standen hinterm Parkhaus
und sahen zu, wie er Gras frass.
Es duftete nach Regen, weil es regnete.
Die Ampeln waren auf gelb geschaltet.
Wir gingen ein Stück Weg,
das wir sonst nie gehn.
Wegen der vielen Wolken
waren keine Sterne zu sehn.

Der Waldspaziergang

Ich finde unsere Zeiten gar nicht so schlecht, sagt die ehemalige Hürdensprinterin Gerdi Schröder zu ihrer alten Freundin Kathi Knaak. Kriege hat es zu allen Zeiten gegeben und Inflation auch. Und weißt du noch, wie schlecht die Luft früher war? Und das Wasser in den Flüssen? Kathi nickt.

Der Rhein war eine üble Brühe und die Elbe auch. Und die Emscher war das pure Gift!

Eben, sagt Gerdi. Heute kommen so viele Schweinereien ans Tageslicht, da können alle sehen, was hinter den Kulissen geschieht: Die Korruption in Brüssel, der Missbrauch in den Kirchen, die Machenschaften der Geheimdienste. Und diesen widerlichen Weinstein haben sie ja auch verknackt.

Ja, so gesehen, sagt Kathi, ist es besser als früher. Aber früher haben sie keine Geldautomaten gesprengt!

Früher gab es keine Geldautomaten, sagt Gerdi.

Schau mal die Fliegenpilze! Sind sie nicht ein Wunder? So schön und so gefährlich! Komm, wir essen ein Stückchen, dann fliegen wir nach Hause! Die beiden alten Frauen lachen.

Wir hätten uns dopen sollen, sagt Kathi. Dann hätten wir auch international was reißen können.

Das hätten wir, sagt Gerdi. Und wenn wir aufgeflogen wären?

Niemand ist damals aufgeflogen, meint Kathi. Nicht mal die Radrennprofis wie Eddy Merckx und Rudi Altig. Den nannten sie sogar die radelnde Apotheke.

Und was hätten wir unseren Kindern erzählt, wenn sie danach gefragt hätten? fragt Gerdi.

Die Wahrheit, sagt Kathi. Wir hatten als Saubere gegen die Gedopten aus Ost und West keine Chance. Das hätten die Kinder verstanden.

Wir liebten den Sport, sagt Gerdi. Wir liebten auch den Erfolg, erwidert Kathi. Sei ehrlich! Wir waren verdammte Angsthasen. Wir haben nichts riskiert!

Angsthäsinnen, verbessert Kathi ihre Freundin. Kathi verdreht die Augen.

Wir leben nur einmal. Und jetzt fahren wir ohne olympische Medaillen in die Grube!

So viele Kremplinge! ruft Gerdi. Früher wurden die gegessen!

Aber gut geschmeckt haben sie auch damals nicht, meint Kathi. Ich suche keine Pilze mehr. Die Zecken haben Überhand genommen, ich hasse Zecken!

Auch Zecken sind bestimmt für irgendetwas gut, sagt Gerdi. Nicht nur als Nahrung für Vögel. Vielleicht ist Zeckenpulver ein super Aufputschmittel! Stell' dir vor, wir hätten damals Zeckenpulver genommen, und alles in Grund und Boden gerannt!

Kathi bleibt stehen und fasst die Freundin an den Arm. Gerdi! Ich stell' mir das grad vor! Wir gehen hier durch den Wald und wissen, dass wir unseren Ruhm den Zecken zu verdanken haben. Gold durch Zecken!

Da hockt ein Bussard, sagt Gerdi. Ich mach' ein Foto!

Sie schaut ihn sich vergrößert an und zeigt ihn ihrer Freundin.

Gibt es eigentlich Raubvögel ohne heruntergezogene Schnabelwinkel? fragt Kathi. Die sehen immer so ernst aus.

Das Töten ist etwas sehr Ernstes, sagt Gerdi. Besser die sehen angemessen aus. Das wäre doch respektlos, das

Opfer in seinem letzten Augenblick auch noch anzugrinsen.

Ja, stimmt, sagt Kathi. So hab' ich das noch nie gesehen. Ich freu' mich auf den Tee.

In der Nacht No 7

Nachts bin ich aufgestanden,
um ein Gedicht zu schreiben.
Ich flüsterte es in die Dunkelheit.
Es sollte unter uns bleiben.

In der Nacht No 8

In der Nacht bin ich aufgestanden,
um ein Nachtgedicht zu schreiben.
Ich habe das Licht nicht angemacht,
es sollte ein Nachtgedicht bleiben.
Ich konnte die Seiten nicht sehen,
so dunkel ist es gewesen.
Aber am nächsten Tag
konnte ich alles gut lesen.
Aber es war leider nicht gut,
deshalb ließ ich es verschwinden.
Und ich beschloss außerdem
diesen Aberimpuls zu überwinden.

Das Treffen

Eine schwarz-weiße Kuh war zum Jahrestreffen der schwarz-weißen Tiere mit 5 Buchstaben erschienen und alle anderen waren angepisst.

Du hast nur 3 Buchstaben, sagte der Skunk. Du hast hier nichts zu suchen!

Ich habe Raketen, sagte die Kuh. Echt brutales Feuerwerk!

Feuerwerk? fragte der Panda. Lass' mal sehen!

Nein! rief der Dachs. Die Tasche bleibt zu! Sie hat nur 3 Buchstaben! Sie denkt mit Feuerwerk geht alles! So läuft das nicht!

Nun seid nicht so, sagte die Kuh. Ich bin einsam. Und übermorgen ist Silvester. Da können wir uns schon mal schön warmballern. Los! Sie öffnete die Tasche.

Boah! rief der Panda. Da ist ja alles drin! Die Kuh wollte etwas herausnehmen, da biss der Dachs ihr blitzschnell in alle 4 Zitzen. Sie blutete und schrie.

Also, Leute! rief das Zebra. Soll' das hier eskalieren? Es rief den Notarzt Doktor Buntspecht. Der war auch sofort da, weil er die Treffen aus nächster Nähe beobachtete. Er war ja fast schwarz-weiß. Er tat Propolis auf die Wunden und redete der Kuh ins Gewissen: Du bist einsam, ok! Das ist noch lange kein Grund, Unfrieden zu stiften. Pack' deine Sachen und verschwinde!

Du kleiner Scheißvogel hast mir nichts zu sagen! schrie die Kuh. Ich bleibe und wir ballern, bis alle Augen leuchten!

Geh' jetzt bitte, sagte der Dachs. Der Panda kann ja mit dir gehen, wenn er möchte.

Alle sahen den Panda an. Deine einseitige Ernährung hat dich verblödet, sagte der Skunk. Geh' mit der Kuh, dann ist hier alles schön. Der Panda überlegte.

Ich bin nicht verblödet, sagte er schließlich. Und ich möchte auch da sein, wo es schön ist. Ich bleibe.

Ich bleibe auch, sagte die Kuh. Ihr kriegt mich hier nicht weg. Ich bin stärker als ihr.

Kein Wunder, dass du einsam bist, sagte das Zebra. Bei so einem Charakter!

Das hat mit Charakter gar nichts zu tun! rief die Kuh. Ich bin einsam, weil ich die einzige Kuh bin, die Feuerwerk liebt.

Eine Bachstelze flog vorüber. Sie erfasste die Problematik der Situation in Sekundenschnelle. Auch sie hatte vor einigen Jahren an diesem Treffen teilnehmen wollen, weil Freunde und Verwandte sie Bachi nannten. Der Panda hatte sie schroff abgewiesen. Die Leute von damals waren alle schon längst tot und dieser Vogel war in diesem Moment die älteste Bachstelze der Welt, doch das nur nebenbei.

Das doofe Klopapier

Eine Rolle Klopapier war von der Polizei gestoppt worden, sie war mit über 180 Sachen über die Autobahn gerast. Den Führerschein, bitte!
Hab' keinen.
Und warum sind Sie so schnell unterwegs?
Ich musste mal.
Klopapier hat auf der Autobahn nichts verloren, sagte der Polizist. Wissen sie das nicht? Ich bin doch nur ganz links gefahren, sagte das Klopapier. Und nur wenn es wirklich nicht anders ging, habe ich rechts überholt. Seien sie mal nicht so streng!
Es gibt Regeln, sagte der Polizist.
Für Autos, rief das Klopapier. Die sind groß und hart und gefährlich! Aber ich bin weich! Was soll denn da passieren? Fühlen sie mal!
Schluss jetzt mit dem Unsinn, sagte der Polizist. Er packte die verschmutzte Rolle und warf sie auf der nächsten Raststätte in die Papiermülltonne.
Pass' auf, sagte der Kollege. Die wird bestimmt türmen und wieder losrasen. Lass' uns kurz warten. Keine 15 Sekunden später flog der Deckel der Mülltonne hoch und die Rolle raste wieder los. Sie sah nicht nach rechts und links und wurde sofort von einem LKW überrollt.
Erledigt, sagte der Polizist zu seinem Kollegen. Er ging zum Klopapier, um es endgültig zu entsorgen und sagte: So, jetzt bist du platt, was?
War schön, erwiderte das Klopapier. War 1000mal besser, als auf einer Toilette rumzuhängen und Stück für Stück verdreckt zu werden.

Aber genau das war deine Aufgabe, sagte der Polizist. Du hast sie nicht erfüllt. Und das ist jetzt die gerechte Strafe.

Aufgabe! Strafe! rief das Klopapier. Was für Begriffe! Schon mal was von Freiheit gehört? Von Selbstermächtigung?

Ja, klar! sagte der Polizist. Ich bin so frei und mächtig!

Er nahm das Klopapier und warf es wieder in die Tonne. Er kehrte zu seinem Kollegen zurück. Hoffentlich macht das keine Schule! Als hätten wir nicht schon genug zu tun. Ich bin nicht Polizist geworden, um Klopapier zu jagen.

Wer weiß schon, was die Zukunft bringt, meinte der andere. Aber das meiste Klopapier ist vernünftig.

Ja! rief sein Kollege. Weil es sich verarschen lässt. Der andere sah ihn fragend an.

Sollte ein Witz sein, Alter! Dann lachten beide kurz und kraftlos und fuhren wieder los. Ende.

Kunst und Religion
in Magdeburg

Der warme Glanz der goldenen Kugeln
auf dem Hundertwasserhaus
macht diesen Augenblick so schön.
Wenn wir danach den Dom ansehen,
werden wir ernst und denken
an Jahrhunderte mit Gott.

Befreiung des Lebens

Kaum war'n wir in der Luft, qualmte mein Smartphone.

Zuerst versuchte ich den Rauch wegzuatmen, doch meine Sitznachbarin reagierte schon ängstlich. Ich ging nach vorne und zeigte einer Stewardess das kaputte Ding.

Oje! rief sie gleich panisch. Es wird gleich explodieren! Wir müssen notlanden! Sie informierte den Kapitän und wir hatten Glück: Direkt unter uns befanden sich die Seychellen und die Malediven, was eine Überraschung war, denn wir befanden uns aus London kommend über dem Ärmelkanal. Die Stewardess machte sich schnell schlau. Die Inseln sind geflüchtet, sagte sie. Wegen des bedrohlich' steigenden Meeresspiegels sind sie abgehauen.

Die ganzen Inseln sind abgehauen? staunte ich. Und denn ganzen langen Weg nach England geschwommen?

Waren ja britische Kolonien, sagte die Stewardess

Ich nickte.

Wir landeten in der Hauptstadt Viktoria und fast alle fanden es super.

Ist mal was anderes, dachten die meisten. Nur eine Frau, die glücklich verheiratet und ganz frisch schwanger war, konnte der neuen Situation nichts Gutes abgewinnen.

Bringen sie mich sofort nach Berlin! verlangte sie vom Kapitän.

Mein Handy hatte aufgehört zu qualmen. Wir müssen dieses Ding aus dem Flugzeug schaffen! rief er. Und danach sehen wir weiter. Aber heute kann ich nicht mehr starten. Ich bin fertig mit den Nerven. Was? schrie die Frau. Wegen dem Quatsch sind sie fertig mit den Nerven? Waschlappen! Dann flieg' ich eben selbst!

Sie wollte schon ins Cockpit, wurde aber vom Personal überwältigt und mit Notfalltape auf einem Sitz fixiert. Die Stewardess warf mein Smartphone aus dem Flieger und es zerschellte ganz normal auf der Landebahn, keine Explosion, nichts! Alle atmeten erleichtert aus. Wir verließen dann alle bis auf die zornige Schwangere den Flughafen und checkten in verschiedenen Strandhotels ein. Am nächsten Morgen wollten wir den Flug fortsetzen. Mir gefiel die Nationalflagge der Seychellen ausgezeichnet: Alle Grundfarben und weiß und grün im diagonalen Schwung, ohne Schnickschnack, Zedern oder Säbel oder Sterne oder so, das hatte was!

Ich versackte nach dem Abendessen noch am Lagerfeuer bei Rum und Karaoke. Ich sang mindestens 10mal Egyptian Reaggae von Jonathan Richman und den Modern Lovers, obwohl das Stück aus den 70er Jahren überhaupt keinen Text oder Vokalpart hat. Es ist sehr ungewöhnlich, dass bei Karaoke reine instrumental Songs gesungen werden, aber mir fielen so viele tolle Zeilen, sogar auf Deutsch ein, dass sich niemand wunderte. Ich sang z. B.: Ich geh' rein, ich geh' raus. Ich steh' draußen vor dem Haus. Und du wirfst meinen Hund zum Fenster raus! Oder auch: Wenn es dir gut gefällt, bleib' ich hier auf dieser Welt. Deine Liebe ist stärker als der Rest!

Ich schlief am Strand. Als wir am nächsten Tag weiterfliegen wollten, war das Flugzeug weg. Die Schwangere hatte sich befreien können und war alleine nach Berlin geflogen.

Wir konnten erst 4 Tage später mit einem Fischkutter nach Ostende übersetzen, auch gut! Belgien ist so vielfältig! Meine Sitznachbarin hatte sich inzwischen in mich verliebt, und schlug vor, in Brügge zu heiraten. Ich fand sie gut. Jetzt sind wir Mann und Frau, es kommt oft anders, als man denkt.

Ukrainer und Chinesen

Ich bin nicht mehr so lustig wie früher, als ich noch Künstler war. Da war die Welt für mich in Ordnung. Ich hielt die meisten Menschen für dumm und unfähig zum Glücklichsein, es reichte mir, mich von ihnen so fernzuhalten wie möglich. In meiner Kunst war ich so frei, es konnte gar nicht schöner sein. Die meisten Menschen sind hässlich, dumm und stinken, sang ich ohne Hemmungen.

Doch eines Tages kam mir die Kunst so sinnlos vor! Ich brauchte fast 1 Jahr, um die Ursache herauszufinden: Meine Bilder waren nicht schön genug!

Natürlich wollte ich mich zuerst mit einer so simplen Begründung nicht zufriedengeben. Ich überlegte hin und her, dann ergab ich mich der Wahrheit und war kein Künstler mehr. Wer die Welt nicht schöner machen kann, sollte die Finger von der Kunst lassen. Nun war der Irrweg zu Ende und ich begann, mir andere Menschen genauer anzusehen. Und siehe da: Sie waren gar nicht mal so dumm! Und viele kämpften hart und leidenschaftlich um ihr Glück, das Schicksal allerdings hielt oft noch härter dagegen. Ich entwickelte ein gewisses Mitgefühl und Mitleid auch, darunter litt die eigene Fröhlichkeit. Oft war ich regelrecht verzweifelt über den Zustand der Welt. Ich schimpfte auf die Mächtigen. Sie waren für mich der Quell des Übels, als ob die Mächtigen nicht auch eine Quelle hätten.

Sollte ich es nicht doch noch mal mit der Kunst versuchen, so schöne, ergreifende Bilder malen, dass den Leuten die Spucke wegblieb und sie vor Rührung weinten?

Spar' dir die Mühe, meinte ein Freund. Was du vorhast, hat Helene Fischer längst geschafft: Den Leuten bleibt die Spucke weg und sie weinen vor Freude. Begreif es endlich: Du bist überflüssig!

Zuerst war ich geschockt. Überflüssig! Und du? fragte ich ihn. Wie überflüssig sind Projektentwickler?

Kommt auf die Projekte an, sagte er schlau.

Ihr widert mich an! rief ich. Hauptsache, ihr habt einen Job, ein Pöstchen! Ihr wissenschaftlichen Mitarbeiter, ihr Institutsfuzzies! Erstaunt sah er mich an. Ich war noch nie in irgendeinem Institut! Wovon redest du?

Ich sagte: Entschuldige bitte, mit meinen Nerven stimmt was nicht. Ich muss meinen Seelenfrieden wiederfinden.

Du hattest ihn schon? Ja, früher, sagte ich. Als ich noch Künstler war. Da ging's mir gut!

Ok, sprach er. Das ist vorbei. Du musst dich über etwas freuen. Müssen? fragte ich. Von mir aus können, sagte er. Vorüber kannst du dich freuen?

Über China, antwortete ich. Es ist schon beeindruckend, was die da auf die Beine gestellt haben. Sie haben die Armut eliminiert.

Du freust dich über die Erfolge der Kommunistischen Partei Chinas? Bist du verrückt geworden? fragte er.

Wenn es die Kapitalistische Partei wäre, würde ich mich auch freuen, erwiderte ich. Hauptsache, die Armut ist besiegt.

Und die Uiguren? rief er. Und Tibet? Und die totale Überwachung?

Religiöse Gruppierungen machen auf der ganzen Welt Ärger, sagte ich. Und wer sich korrekt verhält, hat nichts zu befürchten. Das Zeitalter des verrückten, rücksichtslosen Individualismus geht zu Ende. Konstruktive Freiheit gibt es nur im Kollektiv! China ist Avantgarde!

Wann ziehst du hin? fragte er.

Natürlich nie! rief ich. Ich würde meinen Kulturkreis niemals verlassen. Das bringt nur Unglück. In einem fremden Kulturkreis ist es völlig unmöglich, seinen Seelenfrieden zu finden.

Wirst du meditieren? fragte er.

Ich schüttelte den Kopf. Zuallererst muss ich mir klar machen, was Seele heißt und was Frieden.

Du solltest dir weniger Gedanken machen, sagte mein Freund. Und dich mehr bewegen. Es muss mehr Sauerstoff in dein Gehirn! Wie wär's mit klettern? Oder kämpfen?

Wie die Ukrainer? fragte ich. Zum Beispiel, sagte mein Freund. Der ukrainische Mensch steht gerade hoch im Kurs. Für ihn ist Freiheit wichtiger als Frieden! Auch er ist Avantgarde!

Sie kämpfen für ihr Glück, bemerkte ich anerkennend.

Wie glücklich sind die Toten? fragte mein Freund.

Die chinesischen und die ukrainischen Menschen, sagte ich, sind für viele junge Menschen Vorbilder.

Glaubst du wirklich? fragte mein Freund. Nein, hab' ich nur so daher gesagt, gab ich zu. Muss auch mal sein. Er nickte.

Weißt du, fuhr ich fort, ich hatte einen Traum. Erzähl' schon! sagte er.

Der Zug war pünktlich, sagte ich. Er brachte uns nach Neu-Odessa, einer ukrainischer Neugründung bei Pinneberg. Wir waren eine Gruppe von Sozialarbeitern, Coaches und Therapeuten und sollten uns um die vom Krieg Traumatisierten kümmern. Schön, dass ihr da seid! begrüßte uns der Bürgermeister mit seinem typisch ukrainischen Deutsch. Habt ihr das Geld und die Waffen?

An Geld und Waffen hatten wir nicht gedacht. Wir wollen ihnen helfen, sagte unsere Leiterin Annegret. Wir sind alle sehr gut ausgebildet und haben viel Berufserfahrung.

Waren sie schon einmal in der Ukraine? fragte der Bürgermeister.

Wir schüttelten die Köpfe.

Sehen sie, sprach er, wenn wir uns hier ein neues Leben aufbauen wollen, brauchen wir Geld und Waffen.

Oh, sagte Annegret, sie haben aber sehr konkrete Wünsche.

Wir Ukrainer, sagte der Bürgermeister, sind einfach realistisch. Und euer Internet ist viel zu langsam. Dann bin ich aufgewacht.

Hatte der Mann ein T-Shirt an? fragte mein Freund. Ich nickte. Er trug ein weißes Shirt, auf dem stand Starlink.

Den kenn' ich, rief mein Freund. Von dem habe ich auch schon geträumt. Aber es war nicht Elon Musk, oder?

Nein, sagte ich. Er sah eher aus wie der Bundespräsident.

Ja, rief er. Wie Steinmeier! Das muss ich meiner Frau erzählen! Die sagt die ganze Zeit, dass gerade irgendetwas sehr Seltsames passiert. Er nahm sein Handy zur Hand. Ich dachte nichts in dem Moment. Ich zog nur meine beiden Ohrläppchen so lang wie möglich.

Das Wunschkonzert

Das weichste Collier der Welt
in den Farben von New Orleans!
Reallohn heißt das Zauberwort.
Die Stadtvillen erstrahlen!
Viele Straßen und Gewässer
Hamburgs tragen große Namen.
Hingabe im Anorak.
Und sie versuchen also,
etwas Gültiges zu sagen?
Noch ein Ansatz, noch ein neuer
Ansatz. Soeben, nachgerade kühn.
Den stoppen wir, den Krieg!
Huronen und Apachen.
Jetzt halten alle endlich mal
die Fresse oder inne,
wenigstens im Schengenraum.
The whistle is blowing in the wind.

Die Nachbarn

Zwei gelbe Ahornblätter bewegen sich ganz leicht im Wind.

Ich zittere schon bei dem Gedanken an den nächsten Frühling, sagt das eine. Wir werden wieder grün, so grün, dass glaubst du nicht!

Kackbraun werden wir, sagt das andere. Wir werden da unten liegen und die Laubbläser werden uns mit all den anderen auf einen Haufen pusten! Verrotten werden wir, sonst nichts! Und warum zittere ich dann vor Freude, wenn ich an unsere Zukunft denke, hä? fragt das eine. Da muss doch noch was Schönes kommen! Ich zittere wie Espenlaub!

Ha! lacht das andere. Gleich kriegst du auch noch Gänsehaut wie all die Menschen.

Was ist das, Gänsehaut? fragt das eine Blatt. Du weißt soviel! Wie kommt das?

Ich hab' Connections, sagt das andere, davon hast du keine Ahnung! Musst du auch nicht haben. Das Eine ist so und das Andere so. Da segelt es zu Boden.

Hilfe, ruft das eine Blatt. Mein Nachbar hat den Halt verloren!

Das wird dir auch so gehen! rufen die anderen Blätter am Baum. Auch du musst irgendwann loslassen.

Ich will aber nicht, ruft das eine Blatt. Ich liebe es hier zu hängen. Da löst es sich.

Siehst du! rufen die anderen. Ging doch!

Nun liegt es neben seinem alten Nachbarn. Wir mußten loslassen, ohne dass wir es gelernt haben, sagt das eine Blatt.

Geht das Gequalle schon wieder los? stöhnt das andere. Darf ich vielleicht jetzt mal in Ruhe verrotten?

Jetzt sind wir unten! ruft das eine Blatt. Aber morgen werden wir wieder oben sein! So ist das Leben, ein einziges Auf und Ab! Wenn der Wind uns heruntergeweht hat, wird er uns auch wieder hinaufwehen, das kann nicht anders sein!

Das andere Blatt dreht sich auf die andere Seite. Der Laubbläser ist da. Seht ihr! ruft das eine Blatt. Es geht schon lohos!

Der Zufall

Tiger Woods und Mama Wutz waren beide zufällig gleichzeitig auf dem Weg zum Mini-Golfplatz. Nachdem sie eine Weile nebeneinanderher gegangen waren, fragteTiger Woods: Sie sind doch Mama Wutz, oder?

Mama Wutz wird privat nicht gerne erkannt und tat so, als hätte sie die Frage nicht gehört.

Hallo, Mama Wutz! rief Tiger Woods. Sie sind es, oder?

Mama Wutz sah ihn leicht genervt und auch ein bisschen stolz an, denn sie hatte den berühmten Golfstar auch schon längst erkannt.

Bitte, nicht so laut, Herr Woods! bat sie. Ich bleibe gerne unerkannt!

Tut mir leid, sagte der Superstar. Jetzt ist es schon passiert! Wie gehts denn so?

Gut, sagte Mama Wutz. Und selber?

Auch gut, sagte Tiger Woods. Mir geht es gut. Ich werde wohl kein großes Turnier mehr gewinnen können. Aber scheiß drauf! Ich habe soviel gewonnen, ich bin nicht gierig.

Bravo! rief Mama Wutz. So soll es sein! Und jetzt 'ne Runde Minigolf?

Nein, nein! rief der Sportler. Ich gebe eine Autogrammstunde.

Aha, rief Mama Wutz. Wo haben sie denn die Karten?

Ich signiere ohne Karten, erklärte der Superstar. Ich signiere überall: auf Unterarme, Oberschenkelinnenseiten, Penisse, Brüste, was die Leute wollen!

Aha, sagte Mama Wutz. Sie konnte sich erinnern, im

Zusammenhang mit Tiger Woods einmal irgendetwas von sexueller Obsession gehört zu haben, aber jetzt so direkt damit konfrontiert zu werden, war ihr sichtlich unangenehm. Signieren sie auch Vulven? fragte sie schnell. Wenn sie rasiert sind, sagte der Golfer. Sonst ist das unästhetisch.

Aha, sagte Mama Wutz. Sie wollte nichts mehr sagen.

Da riss der Mann die Maske vom Gesicht und lachte: Da hab' ich dich verarscht, was?

Erschrocken sah Mama Wutz dem Unbekannten ins Gesicht. Seine Augen strahlten.

Ja, sagte sie gelangweilt. Das haben Sie. Aber ich bin froh, dass der echte Tiger nicht so ein kranker Hahn wie Sie ist. Die Sportler haben doch immer noch eine Vorbildfunktion.

Der Fremde lachte. Kranker Hahn!

Noch nie gehört den Ausdruck! Kranker Hahn!

Mama! rief Peppa Pig. Wir sind hier!

Sie winkte mit dem Schläger. Mama Wutz winkte zurück und ging schnurstracks auf ihre Familie zu, ohne sich umzusehen.

Durcheinander

Böse Spucke
Dunkle Wälder
Freiheit und ein
großer Held, der
sich vermisst. I
go, you come
Im Morgenrot
Aufbauprogramm
Nitratbelastung
Amsel Drossel Fink
und Starlink
Hell of Fame
Für was, zu wem?
XL, XX, XY
Systemisch,
nehm' isch,
was denn sonst?

Sehr später Februar

Zwei kleine Mooskissen genießen in der verrosteten Dachrinne eines alten, verlassenen Bauernhofs die warmen Strahlen der Frühlingssonne.

Ich würde gerne einmal einen Mörder kennenlernen, sagt das von der Sonne aus gesehen linke Mooskissen. Das andere Mooskissen schweigt.

Hast du gehört? fragt das eine. Ich würde gerne einmal einen Mörder kennenlernen.

Ich will mich nicht unterhalten, sagt das andere. Ich möchte Sonne tanken und sonst gar nichts.

Du kannst den ganzen Sommer Sonne tanken, erwidert das eine. Sie wird uns wieder austrocknen wie letztes Jahr. Ich hör' dich jetzt schon stöhnen.

Nein, sagt das andere Mooskissen, so trocken kann es nicht mehr werden. Das war ja nicht normal. Und jetzt lass' mich in Ruhe. Es gibt keine sprechenden Mooskissen! Es gibt uns nicht!

Mir egal! ruft das andere. Ich finde es extrem langweilig, sich mit der Realität abzufinden. Ich würde gerne einen Mörder kennenlernen!

Wir Mooskissen haben noch nie jemanden umgebracht. Das mußt du akzeptieren! ruft das rechte Mooskissen.

Dann nehm' ich einen Menschen oder ein Tier, ruft das linke.

Du bist abartig, sagt das andere. Ich wollte, ich könnte fliegen.

Da landet ein Distelfink auf der Dachrinne. Bist du ein Mörder? fragt das linke Mooskissen. Der Distelfink nickt.

Hast du einen anderen Vogel umgebracht? fragt das

Mooskissen. Der Distelfink schüttelt das Köpfchen. Einen Menschen? Der Vogel nickt.

Hey, lass' dir nicht alles aus dem Schnabel ziehen! ruft das Mooskissen. Erzähl' schon!

Ok, sagt der Distelfink. Ich habe eine zeitlang bei einem Menschen gelebt. Er hatte mich aufgenommen und gepflegt, nachdem mich eine Katze erwischt hatte.

Und du hast ihn umgebracht? fragt das Mooskissen.

Nicht sofort, erzählt der Distelfink. Dieser Mensch war Schlagersänger. Er verdiente sein Geld aber hauptsächlich mit dem Verkauf von Murmeltierbalsam und Weihrauchkapseln.

Afrikanischer Weihrauch? fragt das Mooskissen. Der Vogel nickt. Du bist auch ein Sänger, oder? fragt das Mooskissen.

Der Vogel nickt. Ja, aber vor allem sehe ich sehr gut aus!

Stimmt, sagt das Mooskissen, du bist wirklich superschön.

Dein saftiges Grün ist auch nicht schlecht, piepst der Distelfink.

Wenn das so weitergeht, werden sie noch heiraten, denkt das andere Mooskissen, sagt aber nichts.

Erzähl' weiter, sagt das linke Mooskissen. Hat er dich mit seinem Gesinge genervt?

Der Distelfink schüttelt sich. Es war nicht auszuhalten! Eines Tages sang er: Schenk' mir diese eine Nacht, ich schenk' dir mein Herz dafür. Da beschloss ich, ihn zu töten.

Klingt doch gar nicht so schlecht, meint das Mooskissen.

Ja gut, sagt der Vogel. Ihr Mooskissen habt kein Gehör und kein Gehirn. Ihr könnt sowas ertragen.

Ok, sagt das Mooskissen. Und weiter?

Ganz einfach, sagt der Distelfink. Als er eines Nachts total besoffen in der Küche auf den Boden lag und das Fenster offenstand, habe ich ein fettes Mooskissen vom Garagendach in seinen schnarchenden Rachen gestopft. Das hat er nicht mehr rausgekriegt.

Und was hat das Mooskissen dazu gesagt?

Nichts, sagt der Vogel. Es war so still wie das Mooskissen hier neben dir. Was hätte es auch sagen sollen? Machen könnt ihr eh nichts.

Nein, wir können nie was machen.

Nur austrocknen, sagt der Vogel, das könnt ihr. Und euch vollsaugen, wenn es regnet.

Ja, das können wir. Hat dir der Mensch nicht leidgetan? Er hat dir immerhin das Leben gerettet!

Ja, schon, meint der Fink. Aber das war der pure Eigennutz! Das hat er auch jedem erzählt. Die kamen dann und haben mich angesehen. Es waren Frauen. Und außerdem war es seine Scheißkatze, die mich verletzt hatte. Sie ist zum Glück 2 Tage später vergiftet worden. So. Jetzt muss ich aber zu den Disteln! Ich habe Hunger.

War schön, dich kennenzulernen, sagt das Mooskissen.

Ja, war nett! ruft der Vogel, schon im Flug. Für ein Mooskissen bist du ganz schön … Das letzte Wort ist schon nicht mehr zu verstehen.

Hast du das letzte Wort verstanden? fragt das Mooskissen. Ich habe gar nicht zugehört, lügt das andere. Aber ich glaube, das letzte Wort war gestört.

Du hast dich verhört, sagt das eine. Er findet mich gut. Wir haben uns mega verstanden.

Und darauf bist du stolz? fragt das andere. Dass du dich mit einem Mörder gut verstehst?

Wir sind Mooskissen, sagt das eine. Und Menschen sind ganz andere Systeme, oder? Sie können uns egal sein. Da stimmt das andere ihm zu.

Optionen

Die Wahrheit hat ein fröhliches Gesicht. Spielfreude, Gier und Eigentum. Aufstand der Armen. Das sind die Themen, die uns heute …

Harald! ruft Haralds Frau Mandy. Komm' bitte rein. Sie flüstert: Die Nachbarn hören zu! Das kannst du doch genauso gut hier drinnen tun!

Das ist der schönste Sommer, sagt Harald. Warum soll ich meinen Solo-Podcast nicht hier draußen machen?

Gestern warst du den ganzen Tag Hongkong-Korrespondent, flüstert seine Frau. Und jetzt diese ganzen Wahrheits … wie soll ich das denn nennen? Wahrheitswahrheiten? Du machst mich wahnsinnig! Die Nachbarn gucken mich schon komisch an.

Die haben's nötig! ruft Harald. Die haben 2 Söhne, die haben beide Theologie studiert. Und jetzt sind sie tätowierte Dartprofis und mit extrem witzigen Frauen liiert. Die Nachbarn sollten der Wahrheit auch einmal ins Auge sehen!

Hat die Wahrheit nur 1 Auge? fragt Mandy. Ist sie ein Zyklop? Komm bitte rein!

Gut, dann komm ich eben rein., sagt Harald. Du willst wohl nicht, dass ich mir ein zweites Standbein aufbaue!

Was ist dein erstes? fragt seine Frau.

Ach Mandy, sagt Harald. Mit 56 ist man aus dem Spiel, ich habe keine Chance mehr, das weißt du ganz genau.

Andere werden Coach oder Berater, sagt Mandy. Oder sie machen etwas Ehrenamtliches.

Das ist doch ganz was anderes! ruft Harald. Kannst du das nicht verstehen? Ich will den Menschen etwas erzählen, um etwas zu erklären, aber ich möchte mich nicht um sie kümmern! Das will ich nicht. Dafür ist mir meine Zeit zu schade! Seine Frau fängt an zu weinen.

Harald! schluchzt sie. Warum ist aus dir so ein zynisches, selbstgerechtes Arschloch geworden? Als wir uns trafen, warst du ein warmherziger Berufsspieler, du hast gepokert und wolltest eine kleine Familie. Die hast du bekommen. Alles ist so gelaufen, wie du es dir vorgestellt hast. Und jetzt?

Geld und Familie sind nicht alles, sagt Harald. Das Leben ist kompliziert, ich versuche es zu begreifen, aber es wird mir immer unbegreiflicher. Wenn ich sehe, was ich mache, muss ich lachen.

Dann ist ja alles gut! ruft seine Frau. Hauptsache Heiterkeit! Heiligkeit und Heiterkeit, sagt Harald. Ein schönes Thema. Sie wischt die Tränen weg.

Morgen werde ich für ein paar Tage nirgendwo hinfliegen, sagt Mandy.

Sehr gut! ruft Harald. Das Leben kann so einfach sein. Als Gott die Welt erschuf, fragte er: Und wer will das schmutzigste Gemüse sein? Da rief der Rosenkohl ganz laut: Ich!

Mandy holt sich schnell ein Bier. Sie geht auf den Balkon und sieht die Sterne an.

Ich bin das Weltall, sagt sie. In mir sind Galaxien zu Haus, Trilliarden Sonnen, aber ich dehne mich nicht weiter aus!

Mandy, sagt der Halbmond Willi. Der freie Wille ist nur eine Illusion. Das gilt für alle, auch für das Weltall.

Dich nehm' ich nicht für voll, flüstert Mandy, noch nicht. Dann prostet sie ihm zu.

So schön

Ein alter Mann mit Rechen
fegt das Herbstlaub zusammen.
Ohne Laubbläser!
Alle Achtung denke ich,
nicht schlecht!
Ich sage anerkennend: Ohne Laubbläser!
Er macht ein böses Gesicht.
Er macht eine Wegwerfgeste und sagt:
Die haben Geld für nüscht!

Das Wort zum Sonntagsbraten

Wenn sie über andere herziehen können, geht es vielen Leuten gut, oder sagen wir mal besser. Mir auch.

Es tut gut, den anderen die Schuld zu geben. Für was auch immer. Denn wenn wir selbst die Schuld hätten, das wäre ja noch schlimmer.

Also geben wir anderen die Schuld. Und die geben sie uns zurück. Denn niemand will sie haben, Schuld haben ist das Letzte.

Und alle denken, sie sind gut. Und die anderen sind schlecht, so geht das von früh bis spät. Wie sollen wir da weiterkommen? Bei so einer Bipolarität. Ich weiß es auch nicht.

Wenn einer sagt: Ok, dann habe ich eben die Schuld, aber objektiv gesehen, hat er sie gar nicht, das ist nicht richtig! Also wäre es besser, die wirklich Schuldigen würden die Schuld auf sich nehmen. Und die müssten natürlich versprechen, es in Zukunft besser zu machen, d.h. nicht nur an sich zu denken, sondern auch an die Gemeinschaft oder in Zukunft keinen mehr zu ermorden. Doch das ist graue Theorie. Nicht mal ein Fußballspieler gibt ein Foulspiel zu, keiner sagt: Ja, dem hab' ich absichtlich auf den Fuß getreten, damit er Respekt vor mir hat. Als es Gott noch gab, war alles einfacher. Aber auch Gott war selbst oft gar nicht da und seine Stellvertreter waren Päderasten. Also, ich weiß auch nicht, wie der Menschheit zu helfen ist. Wäre ja auch irre, wenn das ausgerechnet ein nervöser Allergiker aus Deutschland wüsste.

Ursprung

Heute war ich so schreckhaft!
Bei jedem Schlag des Herzens
zuckte ich zusammen!
Das ist zum Glück nicht wahr,
aber ich frage mich, woher
solche Gedanken stammen.

Der Elefant

In freier Wildbahn rufen wir oft die Ahnen an:
Helft uns bitte! Tut was gegen diese Menschen!
Hängt ihnen miese Viren an,
sie sind der Abschaum der Evolution!
Ihr überschätzt uns, sagen die Ahnen dann.
Wir können euch nur wohlwollend begleiten,
euch alles Gute wünschen, mehr nicht.
Diese Ahnen! Postkarten aus dem Jenseits
schicken, ist alles was sie können!
Wir werden sie nie mehr anrufen!
Doch bei nächster Gelegenheit geht's wieder los.
Das Elend ist zu groß!

Der Gepard

Ich bin sauschnell
meine Schlankheit stellt alles in den Schatten,
was es an Schlankheit gibt.
Als Gott uns erschuf,
lautete die Aufgabe: erschaffe
eine zierliche Raubkatze mit Starallüren.
Und Gott bekam wie meistens eine 1.
Meine beste Freundin ist ein Stachelschwein.
Sie erzählt mir immer Löwenwitze.
Sie kann auch Rumba tanzen,
das hat außer mir noch nie jemand gesehen.

Das Gnu

Wir Gnus sind lustig, albern rum.
Wir wären gern noch lustiger,
das geht nicht. Nahrungssuche,
Schicksalsschläge! Ihr kennt das.
Am liebsten stehn wir einfach da
und trotzen der Gefahr,
das ist auch unser Hobby.
Wenn wir uns entscheiden müssten:
Ewig leben oder sofort tot,
würden wir einfach weiterziehn
und jeden Fluss durchqueren.
Also, lasst uns einfach machen,
ihr Gorgonzolafresser!

Die Antilope

Was habt ihr gegen die Vergänglichkeit?
Wir pflanzen uns sehr gerne fort
und wenn die Zeit zu gehen kommt,
dann sind wir weg.
Es geht um Eleganz.
Und während ihr euch seelisch stärkt,
nehmen wir Witterung auf:
Vom oberschenkelhohen Gras, vom Tod,
von was auch immer!

Die Giraffe

Klar, in diesen kalten Nächten
hätte ich gerne einen Pelz
oder so eine 100gramm Jacke.
Man kann nicht alles haben.
Ich bin perfekt
und meine überragende Schönheit
lässt mich manchmal arrogant und überheblich werden.
Lasst mir doch die Freude!
Und freut euch mit mir über Beauty
ohne Wenn und Aber.

Das Nilpferd

Wenn ich nichts vom Leben wüßte,
würde ich sagen: Packt mich
zwischen 2 Scheiben Brot
und lasst es euch schmecken,
aber so? Wisst ihr,
wie leicht ich unter Wasser bin,
seht ihr, wie ich schwebe?
Mein Maul ist wirklich eins
und meine Öhrchen sind so süß,
so süß und quicklebendig!
Dabei weiß niemand, wie wir wirklich sind:
Wir wollen mit dem Leben
ganz schnell fertig werden.

Der Hund

Ich habe mich noch nie verspätet,
weil ich immer da bin.
Meine Augen sehen die Welt,
die Welt sagt: Also, gut!
Wenn du schon einmal da bist,
kannst du auch aufpassen.
Als Wolf war ich oft melancholisch und unausgeglichen.
Jetzt ist wirklich alles gut,
wenn sie mich gut behandeln.

Der Regenwurm

Solange sie den Boden nicht verdichten,
sind die Menschen ganz ok.
Sie wissen, dass wir wichtig sind.
Der Maulwurf ist ein Arschloch,
er hortet uns wie Deutsche während der Corona-Krise
Klopapier, er hortet uns brutal!
Wir werden es ihm irgendwann heimzahlen,
aber bis dahin wird die blinde Sau noch lange wüten.
Im Übrigen gelingt uns unser Leben,
alles fällt uns leicht.
Manchmal, in lauen Sommernächten,
wenn wir das Mondlicht spüren,
machen wir uns ganz, ganz lang und bilden uns ein,
von Pol zu Pol zu reichen.
Das macht uns fit für Trockenzeiten.

Das Eichhörnchen

Die Menschen finden uns putzig
und füttern uns mit Erdnüssen
und Erdnussbutterschnittchen
Uns schmecken saftige Vogelbabies 1000mal
besser: Meisen, Spatzen, Amseln, lecker!
Die doofen Vögel geben sich so Mühe
mit den Nestern und der Brut!
Dann kommen wir.
Das Klettern liegt uns und
das Springen, fast schon Fliegen!
Wer abstürzt ist so gut wie tot,
daran denken wir nie.
Wir sind behände,
mehr als alles andere.

Der Reiher

Mein Spiegelbild ist mir egal.
Ich warte auf den Fisch und ZACK!
Wenn ich in der Trauerweide hocke
und das Leben ringsumher betrachte,
finde ich vieles schön.
An mir gefällt mir,
wie ich fliege und die weichen Landungen.
Einmal traf ich einen Menschen.
Er war sehr nett und er erzählte mir,
dass es Wochentage gibt.
Er fand den Sonntag am besten,
aber mir gefiel der Mittwoch besser,
das klingt wie zufassen und runterschlucken,
Mittwoch! So könnten von mir aus
alle Tage heißen!

Das Lama

Ich weiß gar nichts über mich.
Manche meinen, ich spucke, mir egal.
Ich stehe gerne auf meinen Beinen
und wünsche mir von Zeit zu Zeit,
ich könnte sie wie Menschen übereinanderschlagen.
Einmal habe ich einen Spielwürfel verschluckt,
es war nicht schlimm,
aber als er wieder herauskam,
waren auf allen Seiten 6 Punkte.
Ich lies ihn einfach liegen.
Was soll ich denn damit?
Aber es war ein Wunder.

Das Huhn

Was ist Küche? Was ist Halma? Was ist Spam?
Es gibt Welten, die sich meiner Vorstellungskraft
komplett entziehen.
Das Gackern und das Scharren macht mir niemand nach.
Und dann: Das Ei!
Ich bin nicht stolz darauf, es ist fantastisch,
wie das Wasser, wie die Bienen.
Fragen mich die Kücken nach dem Sinn des Lebens,
picke ich in die Luft.

Das Reh

Ich bin nicht scheu, im Gegenteil.
Mich interessiert fast alles,
nur Menschen und Bagger und alles,
was so ähnlich aussieht,
sehe ich lieber nicht.
Ich möchte irgendwann nach Indien fliegen,
weil mich der Hinduismus fasziniert.
Die vielen bunten Götter sind genau mein Ding.
Einmal traf ich Shiva nachts beim Pinkeln.
Er wollte mich heiraten.
Warte, rief ich, bis ich fertig bin!
Da war er schon wieder weg.
Wahnsinn, diese Ungeduld.

Das Faultier

Ich bin immer motiviert.
Ist etwas schön vital,
will ich ihm nahe sein
und seine Seele spüren.
Auf meinen Reisen begegne ich auch Engeln.
Sie haben oft sehr viel zu tun.
Ich frage, ob ich helfen kann.
Sie winken immer ab:
Trag' du mal deinen Rucksack und dein Baby!
Ich habe keinen Rucksack und kein Baby!
Was sehen diese Engel?
Auf jeden Fall zu viel!
Jetzt bin ich auf dem Weg zum Wasserfall
und nächste Woche möchte ich endlich
einmal mit dem Atmen aufhörn,
es geht mir auf die Nerven!

Der Löwe

Ich bin der Löwe.
Die Menschen nennen mich den König der Tiere,
das liegt an meiner Stimme.
Sie geht durch Mark und Bein.
Alles zittert, wenn ich brülle,
nur die Elefanten nicht.
Und die Nashörner auch nicht.
Auch die Flusspferde nicht.
Aber die Zebras und die Gnus
und die Gazellen und die Menschen.
Ich brülle gerne.
Dösen ist am besten, jagen nicht so meins.
Das machen die Frauen.
Wer Junge kriegt,
muss sich auch kümmern,
so sind halt die Naturgesetze.
Im Alter wird man schwächer, das ist hart.
Ich habe einen Vetter im Berliner Zoo, der hat es gut.
Viele verherrlichen die Wildnis.
Wer stark ist, hat gut reden.
Gestern traf ich eine alte Hyäne, sie wollte mich heiraten.
Ich habe sie ignoriert.
Sie schwärmte von ihrem Love-Channel und meiner
Mähne
und ging nicht in den Schatten.
Sie fiel tot um. Wahrscheinlich war sie geisteskrank.
Wir werden ihr Gehirn nicht fressen.

Der Spatz

Mir ist das Leben relativ egal.
Ich kann ihm nicht viel abgewinnen.
Diese Pickerei! Das Scheißen!
Und immer diese anderen!
Und nicht nur Spatzen! Mir reicht das oft.
Aber was soll man sonst machen?
Sterben? Tot sein? Wer weiß denn, wie das ist?
Also, ich sitze gerne auf einem Zweig und schließe
kurz die Augen, ganz kurz nur.
So spüre ich das Dasein, wie es ist:
Dunkel und flüchtig.
Ich würde mich gerne von einem Menschen
zähmen und verwöhnen lassen,
ich habe es auch so vielen schon zugezwitschert.
Sie werfen mir nur Krümel hin,
sie denken nur ans Fressen.

Der Wasserhahn

Ich krähe nie.
Ich bin für's Wasserlassen gemacht
und tja, was soll ich sagen?
Mal läuft es und mal nicht.

Der Geier

Auch ich wäre gerne bunt!
Meine Lebensfreude ist gigantisch,
das drückt mein Äußeres nicht aus.
Ich werde so verkannt!
Sagt jemand Geier, denkt er Aas.
Dabei ist das Essen für mich absolut drittrangig.
Muss sein, natürlich! Aber das Kreisen
ist meine große Leidenschaft, ich könnte ständig
kreisen, auch nachts, gerade nachts,
denn durch die Finsternis zu kreisen ist betörend,
man wird selbst zur Finsternis. Hallo,
du kreisende Finsternis! flüstert die Nacht
mir manchmal zu. Sie liebt mich.
Ich bin dann oft so glücklich,
dass ich mir lange blonde Haare wünsche,
die im Aufwind flattern.
Und dieser Wunsch macht mich noch glücklicher.
Wenn ich am nächsten Morgen dann
an einem stehenden Gewässer meinen kahlen Kopf
erblicke,
muss ich lachen. Die anderen fragen oft:
Was ist denn jetzt wieder so lustig?
Ich sage dann immer: Ach, nichts.
Soll ich Humorlosen Humor erklären?

Die Schildkröte

Ich bin schrecklich aufgeregt.
Vorhin hat mein Verlobter versucht, mich anzuschieben,
er möchte schneller leben.
Das will ich auch.
Wir passen gut zusammen. Perfekt?
Ich weiß nicht.
Einmal gestand er mir, in goldenen Stiefeletten
tanzen zu wollen. Das hat mich irritiert.
Ich möchte keinen Showman heiraten.
Das sagte ich ihm auch.
Er murmelte dann was von Hobby.
Meine Mutter sagte immer, Träume seien Privatsache.
Vielleicht hat sie ja recht.

Der Esel

Ich mach' mich nicht verrückt,
obwohl der Klimawandel mich bedrückt.
Das habe ich mir vor 2 Jahren ausgedacht.
Es ist mein einziges Gedicht.
Nach Ostern gab es Kuchen ohne Sahne.
Ich sah ihn lange an.
Jetzt regnet es.
Ich stehe unter einem alten Eternitdach
und zähle die Regentropfen.
Sie fallen verdammt schnell, kein Problem!
Wir Esel zählen viel intensiver
als Menschen es je könnten
und dieses Zählen hat nichts
mit Berechnung oder Kontrolle zu tun,
es geht nur um die Gehirnaktivität,
nur darum geht es uns.
Dann kommt ein Mensch und möchte irgendwas,
er stört. Wir geben ihm das zu verstehen.
Dann heißt es wieder: Stures Viech!

Der Tiger

Ich bin mit Abstand das schönste Tier, gar keine Frage!
Ich würde gerne ganz woanders leben und habe mich schon
mit Milliardären in Verbindung gesetzt, sie reagieren nicht.
Neulich sprach ich mit einem blinden Inder.
Auch er will die Erde verlassen.
Er versprach mir, mich mitzunehmen, wenn es soweit ist.
Er ist ein spiritueller Typ und meinte, dass ich stinke.
Es gibt Regen, sagte ich. Er stank auch, schätze vor Angst.
Ich fand das nicht der Rede wert.

Der Stier

Mit mir ist alles in Ordnung.
Sie versorgen mich gut, auch mit Medikamenten.
Meine Hoden hängen schwer und tief, fast bis auf den Boden.
Ich habe mir in den langen dunklen Winternächten
einen schönen Zeitvertreib für Menschen ausgedacht,
weil ich aufgeschnappt habe, dass ihnen manchmal langweilig ist.
Es geht um das richtige Einsetzen von Worten,
ich nenne es Kreuzworträtsel.
Nun muss ich nur noch einen Weg finden,
es ihnen zu vermitteln und beizubringen.
Vielleicht gibt es einen Menschen, der meine Gedanken lesen
kann, sie können ja sehr viel. Mir ist nie langweilig.
Gestern habe ich mich mit einem Marienkäfer unterhalten.
Er hatte 8 Punkte und erzählte mir, er hätte eine
Schwäche für Roulette.
Es klang interessant, aber ehrlich gesagt,
sind mir Schwächen zuwider. Ich weiß nicht warum.
Die Kühe meckern oft: Du hast was gegen Sachen,
die du gar nicht kennst. Ich frage sie dann
ganz direkt: Wollt ihr mir einen blasen?
Dann sind sie wieder still.

Der Pelikan

Ja, ja, mein Schnabel! Den finden alle geil.
Er ist ja auch einzigartig, aber wer will schon
auf ein Körperteil reduziert werden?
Früher wurden wir für unsere aufopfernde Familienarbeit
geschätzt, sogar verehrt und religiös verklärt, Bullshit!
Die meisten Vögel kümmern sich ganz gut um ihre Brut.
Wir wollen nichts Besonderes sein.
Wir leben sehr entspannt und essen gerne Fisch.
Manchmal in Vollmondnächten liege ich
mit offenen Augen unterm Sternenzelt und höre
Menschen klagen:
Die Mieten sind zu hoch.
Ich glaube ihnen und möchte ihnen helfen.
Ich versuche den Mond zu hypnotisieren.
Ich würde ihn gerne näher kennenlernen,
er hält sich sehr bedeckt.
Er tut geheimnisvoll und meint,
er hätte mal etwas mit Amerikanern gehabt.
Was denn? fragte ich.
Da nahm er sofort ab und schwieg.

Der Hummer

Die meiste Zeit beschäftige ich mich mit systemischer
Verfahrenstechnik, wenn ich nicht relaxe.
Viele finden mich sehr eigen.
Das liegt an meinen feinen, extrem distinguierten
Bewegungen,
die mich überaus zielstrebig wirken lassen,
so als wär ich ferngesteuert.
Ich persönlich esse am liebsten Seesterne.
Die Menschen beneiden uns wegen unserer legendären
Fruchtbarkeit,
je älter, desto fruchtbarer. Deshalb stellen sie uns nach.
Sie wollen das Geheimnis lüften. Dummes Pack!
Warum soll für sie gut sein, was bei uns so ist?
Warum sind sie nicht zufrieden?
Ich freue mich aufs Alter und mir gefällt mein Körper,
ich tue was dafür. Zwar kosten diese Häutungen
viel Kraft, aber es lohnt sich.
Auch farblich mag ich mich extrem.
Ich liebe Braun und Violett.
Ein Freund rief letztens: Verdammt!
Ich will mal ganz, ganz anders aussehen,
orange oder knallrot! Ich dachte: Du Idiot!
Ich sagte aber nur: Hey, Pierre!
Sei nicht so unverschämt,
sonst wird der liebe Gott dich strafen!

"Seine Lieder sind nicht nur klug und unterhaltsam, sie haben in ihrer Zärtlichkeit auch immer etwas Tröstliches."
Falter-Wien

FUNNY VINYL

Funny van Dannen. 26 alte & 2 neuere Lieder.

Doppel-Vinyl, Ab Mitte September 2023 im Handel

CD, 2022 erschienen

www.trikont.de

Aus der Reihe Critica Diabolis

21. Hannah Arendt, Nach Auschwitz, 13.- Euro
45. Bittermann (Hg.), Serbien muss sterbien, 14.- Euro
65. Guy Debord, Gesellschaft des Spektakels, 20.- Euro
171. Harry Rowohlt, Ralf Sotscheck, In Schlucken-zwei-Spechte, 15.- Euro
223. Mark Fisher, Gespenster meines Lebens, 20.- Euro
225. Eike Geisel, Die Wiedergutwerdung der Deutschen, 24.- Euro
246. Mark Fisher, Das Seltsame und das Gespenstische, 18.- Euro
253. Wolfgang Pohrt, Werke Bd. 10, Kapitalismus Forever & Texte, 22.- Euro
254. Wolfgang Pohrt, Werke Bd. 3, Honoré de Balzac, 2. Aufl., 18.- Euro
260. Wolfgang Pohrt, Werke Bd. 5.1, Zeitgeist & Texte 85-86, ca. 26.- Euro
261. Wolfgang Pohrt, Werke Bd. 5.2, Hauch von Nerz & Texte 87-89, 26.-
262. Wolfgang Pohrt, Werke Bd. 4, Kreisverkehr & Texte 82-84, 30.- Euro
267. Wolfgang Pohrt, Werke Bd. 2, Ausverkauf & Endstation u.a. Texte, 30.-
268. Wolfgang Pohrt, Werke Bd. 1, Theorie des Gebrauchswerts u.a., 32.-
271. Eike Geisel, Die Gleichschaltung der Erinnerung, Essays, 26.- Euro
272. Mark Fisher, k-punk, Nachgelassene Schriften (2004-2016), 34.- Euro
276. Wolfgang Pohrt, Werke Bd. 7, Das Jahr danach u.a. Texte, 30.- Euro
278. Wolfgang Pohrt, Werke Bd. 6, Massenbewusstsein BRD 1990, 30.-
282. Wolfgang Pohrt, Werke Bd. 8.1, Harte Zeiten & Texte, 26.- Euro
284. Caroline Fourest, Generation Beleidigt, 18.- Euro
286. Ingo Müller, Furchtbare Juristen, erweiterte Neuausgabe, 24.- Euro
287. Wolfgang Pohrt, Werke Bd. 8.2, Brothers in Crime, 26.- Euro
289. Stefan Gärtner, Terrorsprache. Wörterbuch des Unmenschen, 14.-
291. Wiglaf Droste, Chaos, Glück und Höllenfahrten, Autobiographie, 24.-
292. Hallische Jahrbücher # 1, Die Untiefen des Postkolonialismus, 24.- Euro
294. Wolfgang Pohrt, Werke Bd. 9, FAQ & Ergänzungstexte, 26.- Euro
295. Léon Poliakov, Vom Hass zum Genozid. Das 3. Reich und die Juden, 34.-
297. Walter Benn Michaels, Der Trubel um Diversität, 24.- Euro
298. Pascal Bruckner, Ein nahezu perfekter Täter, 26.- Euro
301. Klaus Bittermann, Unruhestifter Wolfgang Pohrt, Biographie, 32.- Euro
303. Sara Rukaj, Die Antiquiertheit der Frau. Eine Kritik, 18.- Euro
304. Uli Krug, Krankheit als Kränkung in pandemischen Zeiten, 16.- Euro
305. Caroline Fourest, Lob des Laizismus, 26.- Euro
306. Kathleen Stock, Material Girl. Kritik der Geschlechteridentität, 26.-
307. Hans Zippert, Wie Hitler mir das Leben rettete, 18.- Euro
308. Bari Weiss, Wie man Antisemitismus bekämpft, 20.- Euro
309. Josef Joffe & Michael Miersch, Schöner Denken 2, 16.- Euro
310. Valentine Faure, Als ich aufstand, nahm ich das Gewehr, 22.- Euro
311. Ingo Elbe u.a., Probleme des Antirassismus, 34.- Euro
312. Laure Adler, Die Reisende der Nacht. Über das Altern, ca. 24.- Euro
313. Wolfgang Pohrt, Werke Bd. 11, Briefe & Mails 1976–2016, 38.- Euro
314. Charles King, Odessa. Leben und Tod in einer Stadt der Träume, ca. 30.-
315. Stefan Gärtner, Tote und Tattoo, Kritik der Dummheit, 24.- Euro
316. Funny van Dannen, Angst vor Gott. Neue Geschichten, 22.- Euro
317. Wiglaf Droste, Vollbad im Gesinnungsschaum. Sprachkritik, 22.-
318. Vojin Saša Vukadinović, Rassismus für Einsteiger, ca. 20.- Euro
319. Matthew Beaumont, The Walker. Die Stadt und die Moderne, ca. 30.-

http://www.edition-tiamat.de